懂幽默的人
跟任何人都聊得来

姜翠平◎编著

中国华侨出版社

图书在版编目（CIP）数据

懂幽默的人跟任何人都聊得来／姜翠平编著. —北京：
中国华侨出版社，2016.12
　ISBN 978-7-5113-6374-9

　Ⅰ.①懂…　Ⅱ.①姜…　Ⅲ.①幽默（美学）—口才学—
通俗读物　Ⅳ.①H019-49

　中国版本图书馆 CIP 数据核字（2016）第 237502 号

懂幽默的人跟任何人都聊得来

编　　著／姜翠平

策划编辑／邓学之

责任编辑／文　喆

责任校对／王京燕

封面设计／胡椒设计

经　　销／新华书店

开　　本／710 毫米×1000 毫米　1/16　印张/15　字数/180 千字

印　　刷／三河市华润印刷有限公司

版　　次／2017 年 1 月第 1 版　2018 年 4 月第 11 次印刷

书　　号／ISBN 978-7-5113-6374-9

定　　价／35.00 元

中国华侨出版社　北京市朝阳区静安里 26 号通成达大厦 3 层　邮编：100028
法律顾问：陈鹰律师事务所
编辑部：(010) 64443056　64443979
发行部：(010) 64443051　传真：(010) 64439708
网　　址：www.oveaschin.com
E - mail：oveaschin@ sina.com

前言
Preface

回顾古今中外的成功人士，我们会发现：有些人其貌不扬，却比许多俊男靓女更引人注目，更撩人心扉，拥有着可靠的朋友圈、幸福美满的家庭；有些人资历平平，没有什么过人的本事，但总会碰到好运气，财富和名誉都追赶他们，无论他们走到哪里，都是一路绿灯……这看似不可思议的一切，实际上却暗藏着一个真实的秘密，那就是他们掌握了"幽默"沟通技巧。

幽默由英文 Humour 一词音译而来。林语堂说："凡善于幽默的人，其谐趣必愈幽隐；而善于鉴赏幽默的人，其欣赏尤在于内心静默的理会，大有不可与外人道之滋味。与粗鄙的笑话不同，幽默愈幽愈默而愈妙。"不难看出，幽默是人类智慧的产物，是一种高品位的情感活动。

事实上，幽默是语言的最高境界。幽默是人际交往的润滑剂、缓冲剂，"幽默是一种最有趣、最有感染力、最具有普遍意义的传递艺术"，能拉近人与人之间的距离，使心与心之间产生共鸣、达成默契、更加亲近。幽默能体现出人的深厚文化素养和丰富的文化内涵，能折射出人的美好心灵，是展现魅力的最佳方式。

幽默是上帝赐予人类的伟大礼物，具有惠己悦人的神奇功效。在任何场合，拥有良好幽默口才的人容易赢得他人的好感，获得众多的支持和理解。因为出口幽默的人不仅能够用自身的机智、自嘲、调侃和风趣给人们带来欢乐，而且有助于消除敌意，缓解摩擦，防止矛盾升级，达到讽刺、暗示、拒绝、安慰等各种目的。

拥有幽默口才的人是幸运的，是终身受益无穷的。拥有幽默口才的人，人格魅力往往比较大。因为幽默能助人突破障碍，给人带来绝地逢生的希望；幽默能够让人变得智慧，让人乐观地面对生活；幽默能够让生活多姿多彩，充满自信；幽默还能"传染"给周围的人，使他们的生活充满欢声笑语。

幽默并非某些人的独特天赋，而是一门通过不断培养后任何人都能掌握的语言艺术。本书精心挑选幽默案例，以妙趣横生的内容、深入细致的分析、灵活生动的笔触，讲述在各种场合、面对不同角色的人该如何运用幽默，制造幽默气氛，是我们学习幽默语言运用能力，最终成为幽默大师，不可多得的读物。无论我们是浅尝辄止，还是深入探究，里面都藏有值得我们借鉴、学习甚至挖掘的深厚内涵。

诚然，学习幽默是一种循序渐进的过程。只要我们细细品读，加以细心和坚持，感悟和玩味身边点点滴滴的幽默，我们不仅会发现生活中有无数大大小小的乐趣，最终也会发现自己原来也有幽默天赋，也是了不起的幽默大师。

目录
Contents

第一章　幽默让人生充满欢乐

1. 幽默是展示语言魅力的绝技 / 002

2. 幽默能使人的第一形象表达出正能量 / 005

3. 尴尬瞬间，唯有幽默能解围 / 009

4. 用幽默批评人，能让人笑着接受 / 012

5. 在紧张的场合，幽默能让气氛瞬间活跃起来 / 015

6. 自我放松，幽默是有效的解压方法 / 018

7. 幽默心态让我们摆脱烦恼的困扰 / 021

8. 幽默是减轻病痛的奇药 / 024

9. 幽默人生，寻回快乐的自己 / 028

10. 幽默是阳光生活的必备品 / 031

第二章 懂幽默的人魅力大

1. 人的魅力能通过幽默展现出来 / 036

2. 懂幽默的人在任何场合都如鱼得水 / 038

3. 幽默使人一开口就有成功者的姿态 / 042

4. 要想亲和力强,你少不了幽默 / 047

5. 表现风度的最佳途径就是幽默 / 050

6. 幽默是高雅的语言艺术 / 053

7. 幽默高手必定是极具修养之人 / 056

8. 幽默能成就你的威信 / 060

9. 幽默最能提升你的魅力指数 / 064

第三章　当众说话，吸引听众全靠幽默

1. 幽默感让人觉得你备感亲近／068

2. 一个幽默的开场白能征服所有听众／071

3. 再好的主题，演说者不幽默也乏味／074

4. 穿插妙语才能拨动听众的心弦／078

5. 发生意外时，懂幽默的人能让小插曲更精彩／081

6. 简短幽默的演说更具震撼效果／084

7. 幽默让演说在笑声中结束／089

第四章　幽默给点力，工作环境才能轻松

1. 职场达人都懂得幽默 / 094

2. 展现幽默力，建立良好的工作关系 / 097

3. 幽默一点提意见，他人能愉快接受 / 101

4. 巧用幽默来解围，解决难题又有面子 / 104

5. 交谈时来点小幽默，为职场增添点情趣 / 107

6. 用幽默自我推销，你巧妙地赢得赏识 / 109

7. 借幽默来暗示他人工作失误是大智慧 / 112

8. 说俏皮话是跟同事分享欢乐的最佳方式 / 115

9. 幽默的人更容易成功 / 119

第五章 幽默助你在商海中走向成功

1. 跟客户合作，秀出你的幽默感 / 122

2. 跨越严肃之门，幽默促进推销 / 126

3. 赞美式幽默，助你讨客户欢心 / 130

4. 唤起客户的好奇心 / 133

5. 跟客户幽默一下，能缓和紧张气氛 / 136

6. 幽默谈判，太紧张了不好沟通 / 139

7. 决战商场，你把握好幽默尺度必不可少 / 143

第六章　懂幽默的人有浪漫的爱情

1. 用幽默搭讪去接近意中人 / 148

2. 说好第一句话，获取一颗芳心 / 151

3. 幽默是爱情的催化剂 / 155

4. 幽默表白，恋爱必杀技 / 158

5. 婉言回绝，给对方留足情面 / 160

6. 幽默情话，帮助爱情保鲜 / 164

7. 用幽默来弥补犯下的错误 / 168

8. 幽默谈吐，守护爱情之花 / 171

9. 幽默，失恋不失态 / 175

10. 走出失恋，幽默心态很重要 / 179

第七章　幽默之家欢乐多

1. 幽默双人舞，将爱情进行到底 / 184

2. 几许幽默，夫妻之间欢乐多 / 188

3. "妻管严"的快乐，大丈夫能屈能伸 / 192

4. 幽默是醋意的中和剂 / 195

5. 炫出幽默感，不再为唠叨烦 / 199

6. 亲子沟通，幽默很关键 / 203

7. 跟子女幽默，爱他们就直接告诉他们 / 206

8. 教育孩子，幽默更有效 / 210

9. 关爱父母，借幽默来传达 / 213

10. 礼敬长辈，运用幽默提意见 / 216

11. 用幽默来缓解家庭矛盾 / 219

12. 一家人都幽默欢乐当然多 / 223

第一章

幽 默 让 人 生 充 满 欢 乐

人生不如意事十之八九，单调枯燥无味的事也难以避免。唉声叹气，让负情绪蔓延，必然导致我们的生活一片灰暗。我们不妨换一种心态，见缝插针地运用幽默调侃一下生活，让自己的生活充满阳光和希望，让自己的生活充满快乐和惬意。

1. 幽默是展示语言魅力的绝技

在现实生活中，我们常常可以看到这样一种现象：如果一个人在与人沟通时不加思考，不讲究方式，过于直接，往往会让人觉得这个人肤浅、粗俗、愚蠢，索然寡味，久而久之，就会避而远之；如果一个人在与人沟通时能够做到委婉含蓄，把一些重要的该说的话隐藏起来，运用含蓄而艺术化的语言将其表达出来，就会产生一种耐人寻味的幽默效果，让人情不自禁地主动与之交往。

幽默是展示一个人语言魅力的绝技，其最大特色就在于它的委婉含蓄而充满艺术化。其好处就在于它能够运用意味深长、极具趣味的语言真假并用，曲折地、间接地将意见表达出来，使之耐人寻味且寓意深刻，并且也能很好地照顾到对方的自尊。

有一位吝啬刻薄的富翁在他的别墅里养了两条狗。

有一天，富翁请了一位画家到家里来为狗画一幅生活照。他要求画家在他家美丽的花园里，描绘出狗狗们活蹦乱跳的各种神态。

于是，画家花了五天时间，在他家花园里捕捉这两条狗玩耍的动作。画好了之后，画家将自己的杰作拿给富翁看。

可是，富翁却借故挑三拣四，想找借口少付点钱。

富翁假装鉴定专家的样子说道："哎呀！你怎么没有画狗屋呢？"

画家一愣："狗屋？"

富翁说："是啊！狗屋是狗的家，不画狗屋怎么行？"

画家无奈地说道："好吧！我将画改过后，明天给你送来。"

第二天，画家将修改好的画给富翁送来。

富翁又挑剔地说道："怎么只有狗屋，我的狗呢？"

这时，画家泰然自若地回答道："因为我们现在正盯着它们，所以它们躲进狗屋里不出来了。你先挂在墙上，过些时候没人注意，它们就会出来了。现在，请您付钱，谢谢。"

画家的回答虽然显得有些荒唐，但是以此来回应富翁前面提到的荒唐的要求，却不失为一种良策。同时，也让富翁哑口无言，再无反击余地。

以缪还缪式的幽默就是这样，不仅可以巧妙地化解尴尬，同时，还可以征服别人，何乐而不为呢？

事实上，说话不一定要直来直去，委婉含蓄地表达不仅让人容易接受，还能深得人心，毕竟春风暖人的语言，有谁能不爱听呢？当我们很想表达一种内心的愿望，又不便直说、不忍直说、不能直说时，不妨幽默地含蓄一下，尤其是在说出对方可能无法接受的话时。

有一位作曲家拿着一份曲谱去拜访当地一个知名的音乐家，恳请音乐家听听自己的演奏并给予意见。在作曲家演奏过程中，音乐家一直在认真地倾听，且不时地脱帽致敬。

作曲家演奏完毕后，很自信地问音乐家："您觉得怎么样？"

"太好了！"音乐家平静地回答说。

"真的吗？"作曲家兴奋地追问，"您连连脱帽就是对我的极大认可吧！"

"不，不是因为你。"音乐家回答说，"因为我有见到熟人就脱帽的习惯，在你的曲子里，我碰到了太多的熟人，以致我不得不连连脱帽。"

音乐家通过幽默的语言暗示作曲家的曲子缺乏新意，指出作曲家有抄袭行为，含蓄地向对方表明了自己的看法和意见，既照顾到作曲家的面子问题，又增强了批评力度，真所谓两全其美啊！这是一种机智的表达，是一种轻松的沟通，比口若悬河地直说这份曲谱是东拼西凑的抄袭品更有力，实在值得回味。

当然，这种委婉含蓄式的幽默技巧，并不局限于应对抄袭的作曲家。需要注意的是，想要熟练运用含蓄幽默的语言技巧，我们须时刻提醒自己不要直截了当地表达自己的想法和意见。

幽默是展示语言魅力的绝技。它要求说话者有较高水平的说话艺术和高雅的幽默感，同时，它也能体现说话者驾驭语言的能力和含蓄表达幽默的技巧。生活中，很多人之所以缺乏幽默感，就是因为太习惯于直截了当、简洁明了的表达方式，而幽默则与直截了当完全不相容。要想培养幽默感，我们就要学会迂回曲折、委婉含蓄的表达方式，凡事都不要直接说出真相，而要从某个侧面毫不含糊地点出来，使言语在趣味横生的同时，达到意味深长的效果。

2. 幽默能使人的第一形象表达出正能量

第一印象是所有人际交往的开始，它直接关系到日后人际交往的走向。那么，如何能给人留下深刻的第一印象呢？我们可能会提到友善、热情、开朗、宽容、富有、乐于助人等，但事实上，最重要的莫过于幽默了。因为，在交际之初，唯有幽默能生动传神地将正能量恰到好处地传达出来，给人留下深刻美好的第一印象，引发对方进一步与之交往的欲望。

在现实生活中，与不熟悉的人会面时，我们难免会出现情绪紧张、四目相对、局促无言的尴尬局面，进而使沟通难以顺利进行下去。这时候，我们需要有意识地运用幽默的沟通技巧来增进彼此的认识与了解，使尴尬的气氛变得活跃起来，为沟通创建良好的开端。

美国著名演说家罗伯特生平有许多朋友，其中，有些是文字之交，之前从未谋面。在罗伯特60岁生日时，许多文友去为他庆生，其中，他们中大部分文友都是第一次同罗伯特见面，难免有些拘谨。

这时，有几个比较熟悉的文友见罗伯特头秃得厉害，就劝他不妨戴顶帽子。罗伯特随即说："你们不知道光头有多好，我是第一个知道下雨的人！"

瞬间，整个生日宴会的气氛就变得轻松活跃起来。

正是罗伯特这句自我解嘲的幽默，让大家感受到他平易近人，使尴尬的气氛变得轻松活跃起来。

仔细观察一下我们身边那些交际达人，他们之所以招人喜欢，让人愿意与其交往，不仅因为他们是极有才华的人，更主要的原因就是他们的幽默能够活跃气氛，给人留下深刻美好的印象，让人愿意与之亲近并效力。

美国作家马克·吐温是一个十分幽默的人。

一天，他要去某个小城办事。临行前，他的一位朋友告诉他，那里的蚊子特别厉害，自己就曾在那里被咬得浑身是包，整个晚上被折腾得无法安然入睡。

马克·吐温来到一家旅馆投宿。他在看房时，发现那里的蚊子果真不少，而且有一只超大的蚊子在他眼前盘旋。

"不好意思。"店员急忙驱赶蚊子。

"没关系，"马克·吐温耸耸肩，"不过，这里的蚊子看来很'好客'啊！它竟然预先来到我的房间来接待我，以便夜晚光顾，饱餐一顿。"

听了马克·吐温的话，店员情不自禁地笑了起来。

马克·吐温本来已经做好被蚊子袭击的准备。但出乎意料的是，那一夜，他睡得十分香甜。原来，为了不让这位幽默可亲的大作家被"聪明的蚊子"叮咬，旅馆全体员工居然一夜未睡，一齐出动驱赶蚊子。

幽默，不仅使马克·吐温得到了陌生人的特别关照，还赢得了一群忠实的朋友。这就是幽默的巨大作用。就像美国知名幽默杂志主编雷格威所说："原始人见面握手，是表示他们手上不带武器；现代人见面握手，是表示我欢迎你，并尊重你；而用幽默来代替握手，则是有力地表示我喜欢你，我们之间有着可以共享的乐趣，如此，陌生人成为朋友只需一分钟。"

事实上，交友难就难在交友方法上。一个人只要学会了幽默的沟通方法，让别人见识到自己的友善、机智和风趣，迅速消除心理上的距离感，那么接下来的交往就会变得水到渠成、顺理成章。

在一个拥挤的长途汽车上，大家即使身体互相挤压，如此"亲近"，人们之间也无话可说。可是，有这么一个人，他怎么也耐不住寂寞。

他说："嗨，各位，大家都深吸一口气，缩小些体积，我挤得有些受不了啦，快成照片了！"

这时，周围人都大笑起来。

没过一会儿，陌生人之间都变得亲近起来，交流便由此开始。

等到汽车到终点站时，有的人甚至已经成为朋友，互相留了联系方式。

由此看来，如果我们能够在初次见面时，就用巧语妙言逗得对方开怀一笑，那么，之后的人际交往将会更加愉快。这就是幽默的力量。

当然，更神奇的是，当两个陌生人有了摩擦和冲突时，幽默还能消除矛盾，化敌为友。此时，幽默让人的第一形象表达出正能量就更为明显了。

两辆轿车在狭窄的小巷中相遇。车停了下来，两位司机谁也不准备给对方让道。对峙了一会儿后，司机甲拿出一本厚厚的小说看起来，表示要"打持久战"，对峙到底，坚决不让路。

看来，两个司机在小巷中的一场冲突就要爆发了。

司机乙见此情形，探出头来，高声喊："喂，老兄，看完后借我看看啊！"

这句话逗得司机甲哈哈大笑，立即停止看小说，主动倒车让路。

司机乙在车开过了小巷之后，主动与司机甲交换了名片，并真的向他借小说看。

经过一番交流，他们得知，原来他们两家住在同一个街道。再后来，两人竟然成为好朋友。

可以说，司机乙将幽默艺术发挥到了极致：双方狭路相逢，冲突一触即发，但他一句幽默的话将矛盾的热度降低到了零点，让对方主动让路；把车开出小巷之后，他已经达到了目的，却没有就此停止，而是通过进一步的交流，将前一分钟可能成为敌人的人发展成朋友。

从这件事不难看出，当我们与陌生人发生冲突的时候，如果能幽默一点、大度一点，不仅任何矛盾都是可以化解的，而且还能化敌意为友谊，将危机变为交际的机会。

一个人能做到这点，无疑是充满正能量的，是善于传播正能量的。这种人，其生活怎么能不阳光呢？又有谁会拒绝与之交往呢？因此，我们要想生活充满正能量，充满阳光，给人良好的第一印象，就少不了幽默。

3. 尴尬瞬间，唯有幽默能解围

在现实生活中，谁都难免会遇到尴尬的事。在遇到尴尬事时，谁都会恨不得钻到地缝里。事实上，谁也不可能钻进地缝里去躲避尴尬。此时，唯有你的幽默可以轻而易举地为自己救场，让你不再尴尬，让当时尴尬的气氛发生转变。

在一个商厦门口，有一位仪表堂堂的男子正向商厦大门走来。

这时，恰逢有一个年轻漂亮的女子也同时到达。这位男子即刻替她拉开门，示意让她先进。

那位女子瞟了男子一眼，竟然脱口而出："别因为我是女人而替我开门。"

那位男子沉默片刻之后，笑着说："这位女士，你想错了，我替你开门，并非因为你是女人，而是因为我是男人。"

尴尬时刻，能够面带笑意地幽默一下，往往胜过费尽心机的辩解。同时，在这种情况下能够保持神志清醒，运用轻松的话语进行调侃，也显示了一个人优雅的人格魅力，使你令人难忘，给人以友爱与宽容，润滑人与人的关系。

公共汽车上，一位女乘客不停地打扰司机。汽车每行一小段，她就提醒司机一次她要在哪儿下车。司机一直很有耐心地听着。

过了几个站点后，那位女乘客竟然冲着司机大吼："你这样的表情，我怎么知道我要下车的地方到了没有？"

司机无奈地说："你什么时候看我脸上有了笑容，就是到了你要下车的地方了。"

司机的一句幽默，让那位女乘客羞愧地低下了头。直到下车，她再也没说一句话。

面对女乘客的干扰，这位司机对她又不能直言冒犯，于是便巧妙采用委婉的幽默方式达到了自己的目的，运用幽默的力量使自己摆脱了两难的尴尬境地，也让女乘客认识到自己的错误，真是高明至极。

在实际生活中，我们之所以缺乏幽默感，不懂幽默之妙，就在于我们不能以轻松的心情去面对窘境，固守常理不放，习惯性地被窘境所困。在我们遭遇尴尬境况时，要先在心理上保持平衡和稳定，然后运用幽默化解尴尬。

有一位著名钢琴家去异地演出。他兴冲冲地前往演出现场，本以为会受到当地人热烈欢迎，但结果出乎他的意料，台下好多座位都空着，现场观众不到五成。遭遇这样的"冷待"，钢琴家觉得尴尬极了。

不过，这位钢琴家并未因此就消极表演，甚至干脆取消演出。相反，他很快调整自己的情绪，以幽默的方式打破了窘境。

他微笑着走向舞台，深深地鞠了一躬，然后起身对现场观众说："我想，咱们这个城市的人一定很富有吧！因为我看到你们每个人都买了两三张票，真是太感谢你们对我的支持了。"

话音一落，整个大厅里充满了笑声。在场观众立刻对那位钢琴家产生了好感，并聚精会神地欣赏他美妙的钢琴演奏。

钢琴家利用幽默改变了自己的尴尬处境，使演出得以顺利进行。他的成功之处就在于他能淡定地面对空座位的尴尬，并解释得如此荒诞奇妙，从而使得由幽默产生的喜悦之感大大胜过了演奏会失败的挫败感。

这就是幽默的力量，不仅可以巧妙地化解可能陷入的尴尬，同时还可以征服别人，使他们对你投来赞赏的目光。

大哲学家苏格拉底的妻子是一个性情暴躁的妇人。无论在什么场合，她都会不分青红皂白地当众给苏格拉底难堪。

有一次，苏格拉底在同几个学生讨论某个学术问题。他妻子不知因为何事，忽然叫骂起来，扰乱了整个课堂。令人意想不到的是，他妻子不仅如此，还提起一桶凉水冲着苏格拉底猛泼过去。苏格拉底全身被淋透了。

如此情景，当时在场的学生们都感到十分尴尬。但这时，苏格拉底却诙谐地笑了起来，说："我就知道，打雷之后一定跟着要下雨的。"

苏格拉底的一句幽默，打破了这种尴尬局面，不仅消散了他妻子的怒气，而且，学生们在大笑之后，也更加敬佩苏格拉底高超的文化素质、艺术修养以及宽广胸怀。

在人际交往过程中，会有许多我们不曾预料的情况发生。当我们不幸陷入这种尴尬的处境时，我们需要保持沉着冷静，勇敢地面对问题，积极发挥自己的智慧，去寻找一切可以突破的因素，用幽默的趣言妙语去化解尴尬和紧张，并借机将自己的人格魅力充分地展现出来，以期赢得更广泛的人脉。因此，我们生活中少不了幽默来点缀。

4. 用幽默批评人，能让人笑着接受

要让批评更加深入人心，就要采用幽默的批评方式。这就要求我们应该在说话方式上多下点功夫，或曲意表达，或话中暗藏玄机，或幽默自嘲。而事实上，幽默批评所体现的是一种爱的艺术，它是一种甜蜜的激励，是一种更易令人心服的批评，人们通常最能够接受。

在邮局大厅内，一位老太太走到一个工作人员跟前，非常客气地说："先生，请帮我在明信片上写上地址好吗？"

这位工作人员当时很忙，但又不好拒绝，于是就匆忙地为老太太写好了明信片。

"谢谢！"老太太又说，"请再帮我写上一句话，好吗？"

工作人员不耐烦地问："您还要写什么啊？"

老太太看着明信片，说："帮我在下面再加一句：字迹潦草，敬请原谅。"

工作人员先是一愣，然后笑着解释说："对不起，大妈，我工作实在太忙了。我现在再帮您重新写一张吧！"

这位老太太讲了一句幽默的话，不仅批评了工作人员工作态度不认真，也让他虚心接受了她的批评。这就是用幽默批评人的高明所在。

或许，在为老太太幽默地批评感叹叫绝的同时，我们会觉得这神秘的幽默与自己遥不可及。事实上，这很简单，只要我们掌握了其中的技巧，就一定能够在平日的生活、社交中游刃有余，遇到对方不对时也能巧妙批评对方，让对方体面接受并认错。

俄国大文豪伏尔泰有一位仆人，有些懒惰，而且爱狡辩。

有一天，伏尔泰让仆人把鞋拿过来。鞋子拿来了，但布满泥污。伏尔泰有几分生气地问："你早晨怎么不把它擦干净呢？"

"用不着擦干净啊，路上到处是泥污，即使您穿的鞋再干净，两个小时以后，它又要和现在的一样脏了。"仆人狡辩着回答说。

伏尔泰见仆人不接受他的批评，就没有讲话，微笑着走出门去。

这时，仆人赶忙追上他，说："您慢走，钥匙呢？厨房的钥匙给我啊！我还要吃午饭呢！"

原来，伏尔泰家的厨房锁着，钥匙放在他身上。

"我的朋友，还吃什么午饭。反正两小时以后你又将和现在一样饿嘛！"伏尔泰笑着对仆人说。

仆人立即脸红了，向伏尔泰道歉认错，请求原谅。

伏尔泰巧用幽默的话语，批评了仆人懒惰，让其认识到了错误。如果他厉声喝骂，命令他，那就不会有这么好的效果了，因为那位仆人不仅不会心服口服地接受，还可能狡辩。而采用幽默批评的方式却在不动声色中起到事半功倍的效果。

在实际的生活与工作中，我们面对的人纷繁复杂，素质、品性各有高低，不免会遇到一些不太懂得尊重人的人，这就会给我们的生活与工作带来一些不必要的麻烦和阻碍。如果我们大声呵斥、尖锐责问、严厉指正，或是借助职权惩罚对方，可能会起到一定作用，但是，并不能够真正地解决问题，让对方从心底真正地尊重我们。这时，我们不妨采用幽默批评的方式，不仅可以缓解矛盾双方的紧张氛围，还可以让人更好地认识错误、分析问题。这种具有亲和力和显现个人魅力的智慧通常让人能够在接受错误的时候心服口服。

幽默的批评往往可以起到奇妙的效果，让人接受得心甘情愿。幽默批评是柔中带刚的利剑，可以温柔地击中对方的心灵，给其震撼，并引发其思考。

当然，这种幽默批评的艺术，并不是所有人都能够做到恰到好处。但是，幽默并非天生，它是一种可以培养的艺术。只要你在日常生活中多留心、多观察、多分析，培养自己的洞察力、语言组织能力、与人沟通能力，培养自己轻松幽默的心态和思维方式，就一定能够慢慢地掌握这门艺术。

5. 在紧张的场合，幽默能让气氛瞬间活跃起来

在现实生活中，每个人都有过精神紧张的经历。例如，在一些比较庄重、严肃的场合突然遭遇意外事件的紧张，上下级沟通时的紧张，面对工作压力时的紧张……此时，如果能够通过幽默语言进行适当宣泄，这样不仅能够缓解紧张情绪，还能让现场气氛瞬间活跃起来。而紧张氛围松弛下来后，工作就能顺利进展了。因此，高水平的领导常常会用幽默来缓和紧张状态，使得上下级之间的沟通能够顺利进行。

第二次世界大战胜利前夕的一次进攻战役期间，美军将领艾森豪威尔感到非常紧张和疲惫。他一个人到莱茵河畔散步，以放松紧张的身心。

这时，恰好有一个神情沮丧的小士兵迎面走来。他见到艾森豪威尔将军，一时紧张得不知所措。

艾森豪威尔笑容可掬地问他："你现在感觉如何？"

士兵直言相告："将军，我现在特别紧张。"

"哦，"艾森豪威尔笑着说，"那我们可是一对了，我也同样如此。"

正是这样一句小幽默，艾森豪威尔不仅让小士兵紧张的心态松弛下来，也道出了自己此时的真情实感，从而使得紧张氛围松弛下来，并促使他们上下级之间能够自然而然地谈论起战事来。

这就是幽默在沟通中所具有的力量，它能够使上下级偶遇的紧张气氛松弛下来，促进上下级之间工作与情感的沟通与交流。

事实上，在一些比较庄重、严肃的场合，有时难免遇到一些意外情况，这时，我们千万不能气馁、动怒，更不能粗鲁地对待，不妨运用一些幽默语言扭转紧张的氛围，让每个人都保持一个轻松愉悦的心情。

在美国一所学校，有一位女教师在上课时总爱板着面孔，动不动就批评学生顽劣，弄得学生怨声载道。

一次校内公开课，全校领导和老师都到场听课。她在课堂上提出这样一个问题："'要么给我自由，要么让我去死'这句话是谁说的？"

过了一会儿，有人用不熟练的英语答道："1775 年，巴特利克·亨利说的。"

"对，同学们，刚才回答问题的是日本学生。你们生长在美国却回答不出来，而来自遥远日本的学生却能回答。你们是多么可怜啊！"

"把日本人干掉！"教室里传来一声怪叫。

女教师气得满脸通红，问："谁？这是谁说的？"

沉默了一会儿，有人回答说："1945 年，杜鲁门总统说的。"

这位同学通过模仿老师的提问做了回答，从而产生了幽默的效果，使得紧张的授课氛围变得松弛下来。

在一些重大的公众场合，面对不同的意见不要漠然视之，因为如果不予恰当地处理，接下来的工作将难以顺利进行，有时，还可能会遭遇恶意的攻击或咒骂。这时，如果你勃然大怒或与之对骂，不仅无法缓解紧张的氛围，还会损害自身的形象，使捣乱者的阴谋得逞。而懂幽默的人，却能与那些"反对者"聊得来，能巧妙地化解对方的刁难。

有一次，一个著名演说家在演说台上演说时，人群中不时爆发出激烈的抗议声，一名抗议者居然高声骂道："垃圾！"

只见那位演说家镇定地回道："先生，对于你特别关心的问题，请你耐心等待一下，我们等一会儿就讨论。"

那名抗议者只好不再说什么了。

谁都知道抗议者是在无礼地谩骂这位演说家，可是，他却巧妙地将其转为现实生活中需要解决的一个问题，不仅为自己解了围，摆脱了被动处境，还使会场气氛松弛下来。

不仅如此，一个懂得幽默的人，无论是在生活中还是工作中，他平时的心情往往要比严肃的人轻松得多，因为笑声能冲淡内心的紧张与不安。所以，当遇到任何紧张场合时，我们不妨运用幽默的语言调侃一下，或者用幽默的语言回答对方的问题，不仅能缓解自己内心的紧张情绪，还能让整个沟通氛围瞬间活跃起来，让我们与对方不可能继续下去的沟通继续下去。

6. 自我放松，幽默是有效的解压方法

随着社会竞争日趋激烈和生活节奏加快，现代人在工作和生活中往往会面临着各种压力，久而久之，让人不堪重负。然而，多数人对于这种压力并没有给予足够的重视，总认为在工作和生活中有压力是自然的事，不需要对压力进行适当地排解。长此以往，不仅影响了工作，而且也失去了健康的身体。

事实上，缓解压力的方法非常容易，只要一个小幽默，一脸阳光的微笑便可化解来自工作和生活中的压力。

有两位保险公司业务员在一位大客户面前争相夸耀自己保险公司的付款速度。

第一位业务员说："我们保险公司十次有九次是在意外发生当天，就把支票送到保险人手里。"

"那算什么！"第二位业务员取笑说，"我们公司在商务大厦第20层，这栋大厦有40层高。有一天，我们的一个投保人从这栋大厦的顶楼跳下来，当他经过23层时，我们就把支票交给他了。"

第二位业务员的一个小幽默，吸引了那位大客户对其公司保险业务的关注，让他顺利签下了这个大单，同时，也让他的竞争对手输得心服

口服。

事实上，许多剑拔弩张、一触即发的场面，都可以因为一念之间的幽默而冰释前嫌。

在紧张忙碌的职场，我们往往背负着较大的生存压力，如果处理不好，不仅会使我们失去就职机会，甚至还会使我们丧失工作的积极性，最终使压力变成阻力。这时，我们就应该怀着积极乐观的心态，借助幽默为自己赢取就职机会，也为自己和同事营造出一个轻松愉快的工作氛围。

事例一：

某大型企业招聘员工时，考官面试了十多个应聘者，都很不理想。到了最后一个应聘者，考官不抱任何希望地对其展开提问。

考官："你能为了企业更多地奉献自己吗？"

应聘者："不能。"

考官："对不起……"

应聘者："但我能让消费者更多地奉献自己。"

考官："很好，你被录取了。"

事例二：

某外企由于受经济危机的影响，一直没有给员工发奖金。

中午休息的时候，大杨在办公室里感慨："现在日子不好过啊，压力大啊，真是恨不得把一块钱掰成两半花。"

同事小泉听了，一本正经地对大杨说："哥们儿，别费那劲了，我早就试过了，根本掰不动。"

小泉的一句话，让整个部门的同事哈哈大笑。

事例一中的应聘者凭借一句轻松的幽默，为自己赢得就职机会，而事例二中的小泉一句话就让气氛有些压抑的办公室变得轻松愉悦起来。这都是面对职场生存压力尝试着用幽默来减压的成功范例。

职场上的工作竞争压力很多时候是无法避免的。我们不仅在单位可以利用幽默来减压，下班回家后，同样也可以通过幽默来减压。

当然，不仅是成年人有各种压力，学生们也常背负着沉重的课业压力。在残酷的竞争面前，学生要想经得起这些压力的考验，有需要运用幽默方式进行自我调节。

还有一个月就要高考了，大家都在教室里紧张地复习功课，谁也没有闲工夫去闲谈搞笑。就在这时，教室里突然发出一声"哐当"的巨响，最后一排的小森因座椅坏了而摔倒在地。就在大家不知所措回头看时，小森自言自语道："唉，难道是学习给它的压力太大了？"全班同学顿时被他的幽默逗得哄堂大笑。

在严峻的高考压力下，大部分学生都苦不堪言，而小森却能苦中作乐，足见小森的自我调节力有多强。更值得称道的是，他的这种幽默不仅调节了自己的情绪，还愉悦了其他同学。

无论压力来自哪一方面，在无法避免的情况下，智者往往能将压力转化为动力，聪明的人通常能将压力化解于无形，而愚笨的人则只能终日饱受压力的困扰。对多数人来说，成为智者并不容易，那我们就努力做一个聪明的人吧！在生活中多多地自我幽默、自我调节，让自己轻松快乐地度过每一天。

7. 幽默心态让我们摆脱烦恼的困扰

在漫长的人生旅途中，我们每个人都会遇到或大或小的烦恼。在面对生活中的种种不如意时，我们通常会不断去反思、自责，久而久之，就会导致心理失衡，或闷闷不乐，或郁郁寡欢，或满腹牢骚，或怒发冲冠。如果我们让这种焦躁的情绪一直持续下去，那么，我们的生活将会陷入混乱之中，进而产生一种恶性的情绪循环。

英国著名作家威廉·萨克雷曾说过："生活是一面镜子，你对它笑，它也会对你笑；你对它哭，它也会对你哭。"摆脱烦恼的困扰，我们也可以以幽默的心态去看待人生的不如意。因为，幽默的力量能使人领悟到失意或烦恼的真谛，积极创造新的气氛，从而达到心理平衡。

一个日本旅游团来到中国江南旅游。当时正值梅雨季节，外宾觉得很扫兴。然而，幸运的是，他们遇到了一个善解人意、风趣幽默的导游。

在车上，导游用日语说："你们把雨从日本带到中国来了，可雨在车外；你们把东京的太阳也带来了，它就在车厢里。"

妙语既出，一片掌声。

在旅游过程中，有位老太太在游西湖时，由于路滑摔倒了，裙子被划破了，泄气地坐在了地上，嚷着要回日本。

　　导游和颜悦色地对那位老太太说："您老别生气，这是西湖有情。它请您停下匆忙的脚步，想让您多看它几眼呢！"

　　简单的一句话，疾风般吹散了老太太脸上的"愁云"，使她恢复了兴致，继续跟团前行。

　　在面对上述诸如天气等情形，在没有力量改变现状的情况下，最好的办法莫过于一笑置之，做洒脱状。那位幽默风趣的导游，遇到游客抱怨或者出现意外心情不好时，没有焦虑地去解释，而是以轻松的姿态，幽默的语言，去驱散游客内心的阴云，化解他们的负面情绪。结果，他不仅成功化解了危机，摆脱了由于危机带来的烦恼，还给大家创造了轻松愉悦的环境，受到大家的喜爱。

　　相比那位导游遇到的麻烦事，我们自身遇到烦恼时，更需要有幽默心态，更需要在放松状态下消除自己的负情绪。

　　爱迪生在一次远行途中，被人打了一记响亮的耳光。就是这一罪恶的耳光，导致了爱迪生后来的耳聋。

　　但是，这位伟大的科学家对自己的缺陷却不以为意，并没有为此深陷痛苦。他以幽默的口吻说："正是耳聋帮我杜绝了跟外界的无聊谈话，使我能更加专心地工作。"

　　伤残疼痛在普通人眼中是那样的苦不堪言，但是，对于有志之士、有识之士来说，只要以乐观心态去面对，就能改变生活。因为幽默达观不仅开拓了一个人的心胸，还能让我们在痛苦中收获欢乐，让我们生活得更自信、更坦然。就像著名作家罗曼·罗兰所说："命运是痛苦的，但生活是快乐的。"

　　其实，每一个人都是受上帝垂爱而被他咬过的一个苹果，所以，我们每个人都是有缺陷的。而你之所以比别人有更大的缺陷，那是因为上帝更喜欢你而大大地咬了你一口的缘故。面对人生的不完美，如果我们都能这么想，相信我们每一个人都会活出爱迪生一样达观的人生。

有一个男子，多年来省吃俭用买了一辆新车，却不小心发生车祸，使得车的尾部受损很严重。

男子看着伤痕累累的新车，自言自语道："唉，我以前总说，要是有一天能有一辆车就好了。现在，我真有了一辆车，而且真的只有一天！"

周围的人听了都哈哈大笑。

对这个男子而言，车已经撞坏，难过痛苦也是于事无补。于是，他选择了以幽默来应对，几句轻松搞笑的话语，既安慰了自己，减轻了郁闷和痛苦，也博得周围人的笑声和对他的赞叹。

在人生道路上，挫折和失败在所难免，如果抵抗挫折的心理能力得不到提高，那么，焦虑和紧张的情绪就会一直困扰我们的身心。反之，如果你能够以幽默的心态去面对生活中的挫折，那么，痛苦就会离你越来越远。让我们永远记住古人的话："应世法，微微一笑。"

8. 幽默是减轻病痛的奇药

英国著名的化学家法拉第，由于长期紧张的研究工作而患上头痛、失眠等疾病。经过多年医治，他始终未能根除，健康每况愈下。

后来，他经人介绍，请了一位高明的医师。经过详细询问和检查后，那位医师给他开了一张"奇怪的处方"，没写药名，只写了一句谚语："一个小丑进城，胜过一打医生。"

起初，法拉第对于这个处方百思不解。后来，他逐渐悟出其中道理，便决心不再打针吃药，而是经常到马戏团去看小丑表演。他每次都是大笑而归。

渐渐地，他的紧张情绪逐渐松弛。不久，头痛、失眠的症状也随之消失了。

这就是"一个小丑进城，胜过一打医生。"谚语的典故，说明了幽默疗法对治疗疾病的重要性。据报道，美国一些医院已经开始提供"幽默护士"，陪同重病患者看幽默漫画及谈笑，把它作为一个心理治疗的方法。

在实际生活中，很多看似生理方面的疾病其实主要都是由心理方面引起的。所以，要想治疗病痛，仅依靠药物治疗，往往起不到任何功效，必须采用心理疗法，而最好的心理疗法就是积极地运用幽默。

幽默产生的最直接的结果就是"笑"。笑相当于一种运动，它可以防病、治病。人们在笑声中，呼吸运动加深，肺脏和呼吸系统通过震动把废物清除出去。人们在笑声中，胃的体积缩小，胃壁的张力加大，位置升高，消化液分泌增多，消化功能增强。人们在笑声中，心跳加血流速度加快，面部和眼球血流供应充分，从而面颊红润，眼睛明亮，容光焕发。更重要的是，笑使人的烦恼顿时消除，内疚、抑郁等不良心境得到调解，紧张的神经也随着欢笑而松弛。

还有一些科研结果表明，笑能刺激脑部产生一种使人兴奋的荷尔蒙，它一方面能促使身体增加抵御疾病的能力，另一方面还能刺激人体分泌一种叫"因多芬"的物质，这是人体自然的镇静剂。这样，就能够减轻由于某些疾病而引发的痛苦。

有一位老先生病了，一个人到医院去做检查。医生彻底检查完了之后，十分悲哀地告诉他："你的健康状况糟透了！您腿里有水，肾里有石，动脉里有石灰……"

老先生接口道："现在，您只要说我脑袋里有沙子，那么我明天就可以盖房子了！"

客观来说，疾病确实会给人带来极大的痛苦和打击。但是，一个具有超脱、潇洒的生活态度的人，却不会因此而失去生活的希望和欢乐。

有一位老教授，身患重病，医生诊断他最多能活一个月。但是，他仍然很乐观地面对自己的病痛。

有一天，一位老友前来探望他，他却很风趣地调侃起自己的病。

他说："人的一生就是'呱呱地生，快快地长，慢慢地老，悄悄地死'。"

他做了胆囊手术，他便说："我原有小小的胆去掉了，现在浑身都是胆了。"

胃被切除，他便说："现在我是'大无畏（胃）了'。"

他一个眼睛不好，他便说："我是'看问题一目了然'。"

他每天吃了很多东西，但体重不增加，他便说："我是'大进大出，两头在外'。"

医院要他定期做检查，他便说："我被'双规'了。"

正是凭借这样幽默乐观的心态，这位老教授又奇迹般地多活了三年。

老教授之所以能够奇迹般地多活三年，与他幽默乐观的心态是分不开的。因为，幽默不仅能为别人带来欢笑，更能激发自己生存的意志、康复的能力，进而增强自身精力，战胜病痛。正如所罗门王所说："心中常有喜乐，恰如身体常保健康。"

在一个有众多名流出席的晚会上，已失去昔日风采、鬓发斑白的巴基斯坦影坛老将雷利拄着拐杖蹒跚地走上台来就座。

主持人问："您还经常去看医生吗？"

雷利回答："是的，常去看。"

主持人问："为什么？"

雷利回答："因为病人必须常去看医生，医生才能活下去。"

此时，台下爆发出热烈的掌声，人们为老人的乐观精神和机智语言喝彩。主持人又接着问："您常去药店买药吗？"

雷利回答："是的，常去，因为药店老板也得活下去。"台下又是一阵掌声。

主持人又问："您常吃药吗？"

雷利回答："不，我常把药扔掉，因为我也要活下去。"

台下又是一阵持久的笑声。

雷利与主持人的对话幽默提神，令在场的人对精神常青的雷利肃然起敬。

可见，身体健康的重要保证就是"心乐"，一个人有了健康的心理，才会有健康的身体，幽默常在，精神开朗，身体就容易康复。反之，如果忧愁悲伤，萎靡不振，疾病就会乘虚而入。我们追求健康的身体时，不妨幽默一点，让自己变成乐观豁达的人，让自己在快乐中远离疾病或者减轻疾病带给我们的痛苦。

9. 幽默人生，寻回快乐的自己

对于大多数人而言，童年的时光一定都是最快乐难忘的。那时候的我们无忧无虑、一无所有，也无须承担任何责任与压力。然而，随着年龄的增长，我们在追求成功的路上，往往会遭遇一些挫折和困境，而且我们肩上要承担的责任与压力也会越来越多。在这些苦痛与重压之下，我们开始变得意志消沉，渐渐失去了童年的快乐，再也找不回当时快乐的自己。

难道这就是我们想要的人生吗？难道我们的人生就这样沉闷下去吗？当然不是，面对人生的苦闷，我们最需要的就是承受这一切的勇气。而幽默恰恰可以提高我们驾驭这种生活的能力，因为幽默往往等同于坚毅、冷静、智慧、能力。只要我们能够在苦闷中发现幽默，运用幽默，我们自然就能够寻回当初快乐的自己。

一天，爱因斯坦在纽约街头偶遇一位故人。

故人对他说："爱因斯坦先生，你好像有必要添置一件新大衣了。瞧，你身上穿的这件多么旧呀！"

爱因斯坦回答说："这有什么关系？在纽约，谁都不认识我。"

数年后，他们又一次相遇。

这时，爱因斯坦已成为一位鼎鼎大名的物理学家。可是，他仍然穿着那件旧大衣。

他的朋友出于关心，不厌其烦地建议他去买一件新大衣。

爱因斯坦却回答说："何必呢！现在，这里的所有人都认识我了。"

无论在成名之前，还是成名之后，爱因斯坦都过着非常俭朴的生活，而且对衣着外表始终淡然处之。朋友先后两次劝他换件新大衣，可他对于穿在身上的旧大衣，以一种非常幽默的态度来对待，并说出了极富幽默感的话语。正因为这种乐观态度，他保持着良好的生活情绪，从而不至于被忧虑所困扰，也不会向艰难的困境低头。

在现实生活中，有些痛苦都是可以预知并渐渐产生的，因此，我们接受起来往往更容易一些；而有时候，有些危险会从天而降，痛苦会突如其来，这时，我们也同样应该保持苦中作乐的从容心态，来一点幽默。

在不尽如人意的生活中，幽默能帮助我们排解愁苦，减轻生活的重负。用幽默的态度对待生活，你就不会总是愤世嫉俗，牢骚满腹，而且通过这种幽默的方式，我们也能学会苦中求乐。

有一位销售员，辛辛苦苦攒了几年的钱，好不容易买了一辆新车。

有一次，他教妻子开车，车下坡时，刹车突然失灵了。

妻子大叫："我停不下来！我该怎么办？"

销售员也大叫："祷告吧！亲爱的！性命要紧，不过你最好找便宜的东西去撞！"

新车最后撞在路旁的一个铸铁垃圾箱上，车头撞坏了。

当他们爬出车子时，并没因为新车受损而沮丧，反而为刚才的一段对话大笑起来。

目睹的行人见他们夫妻如此兴奋，便走过来问："你们是故意把车子撞坏的？"

销售员说："我妻子看见了一只老鼠，她想把它轧死。"

人们在生活中，难免会遭受一些意想不到的灾难和损失，然而，借助幽默的力量，就可以减轻因灾难问题带来的压力。这正是这对夫妻的智慧所在。

幽默人生并没有固定的模式可以遵循，也没有那么多现成的语言可以套用，但是，只要你心里想着快乐，积极乐观地面对生活，无论遇到多大的挫折和痛苦，你都可以幽默起来，寻回儿时那个快乐的自己。

10. 幽默是阳光生活的必备品

在两个人面前，各放着一片面包。第一个人看了以后，高兴地说："我还有一片面包呢！"第二个人看了后，苦着脸说："我只有一片面包了。"

面对同样的一片面包，两个人的态度却截然相反：积极乐观的人，在那一片面包中得到的是满足，看到的是希望；而消极悲观的人，得到的是不满，看到的是绝望。这就是心态所起的作用，所谓"境由心造"就是这个道理。

一个人能否获得轻松、愉快、幸福，并不是取决于他拥有了什么、得到了什么，而在于他的内心是否存有笑意。

当我们觉得生活灰暗无趣时，不如仔细地审视一下自己的内心吧！一个消极悲观的人，是永远无法笑起来的；一个充满狐疑的人，在言谈中也难以透出暖融融的春意；一个整天心情抑郁的人，话里肯定有解不开的心结。而反观那些积极乐观的人，不管遇到什么事情，他们都会幽默地面对。这类人为人宽容，不会斤斤计较，懂得与人为善，就算被别人伤害了，他们也不会针锋相对，反而能从中发现幽默元素，让自己的生活更丰富多彩。

有一次，萧伯纳正在街上行走，不幸被一个骑单车的冒失鬼给撞倒在地上，幸而并无大碍。

肇事者急忙扶起萧伯纳，并连声道歉。

萧伯纳看了看肇事者，拍拍屁股，诙谐地说："你运气真不好，先生，假如你把我萧伯纳撞死了，就可以名扬四海了。"

见萧伯纳被撞还如此幽默，肇事者不禁放松地笑了起来。

通常情况下，无缘无故被人撞倒在地，肯定会恼怒发火。但是，萧伯纳不仅没有发怒，反倒幽默地帮助对方解围，使得紧张的气氛变得愉悦起来。

一个具有幽默感的人，他的生活也必然充满了情趣，许多看来令人痛苦烦恼的事，都能够应付得轻松自如，从而使生命重新变得趣味盎然。

1972 年，美国总统尼克松前往苏联访问。

在跟苏联领导人进行会晤后，尼克松又按原定计划访问苏联其他城市。苏共总书记勃列日涅夫亲自到莫斯科机场为他送行。

不巧的是，总统专机在起飞前突然出现故障，机场地勤人员立刻进行紧急检修。

勃列日涅夫站在远处看着，眉头紧皱。为了掩饰当时的窘境，勃列日涅夫故作轻松地说："总统先生，真对不起，耽误了您的宝贵的时间！"同时，他指着飞机场上忙碌的人群，问："您看，我应该如何惩罚他们？"

尼克松却笑呵呵地说："你应该对他们给予奖励！如果不是他们在起飞前发现故障，而是等到飞机升空才知道，想想结果该多可怕啊！"

飞机在起飞前最后一刻出现故障，这确实会让人感到烦躁、不满。然而，尼克松总统却能够从另外一个角度看问题，运用幽默的言辞乐观对待，将一件坏事变成了好事。

一个人的幽默感跟他的健康心态有着直接的关系，因为一个锱铢必较、悲观消极的人不可能从正面看问题，只有在积极乐观的情况下，一个人才会有从坏事情中发现积极一面的能力。

一天夜里，有个小偷进入了巴尔扎克的房间，并在写字台的抽屉里翻找值钱的东西。

小偷有点儿"不太专业"，翻弄的声音太大，竟然把睡梦中的巴尔扎克给吵醒了。

"哈哈……"巴尔扎克躺在床上大笑起来。

小偷惊慌失措地问："你笑什么？"

巴尔扎克又笑了一会儿，才回答说："我的朋友，在我白天都找不出一枚硬币的抽屉里，你居然打算在黑夜从里面找出钱来！"

巴尔扎克一生多有坎坷，年轻时就已经债台高筑，经常因一点面包、蜡烛和纸张而烦恼。他一生的创作都在痛苦和贫困中度过，而且几乎得不到任何人的理解。他说："债主迫害我像迫害兔子一样，我常像兔子一样四处奔跑。"然而，就算在这样艰难的生活条件下，巴尔扎克仍然保持着一颗积极向上的心，让自己笑对生活和人生。在他的作品中，虽然可以看到最辛辣的讽刺，但也能看到他的讽刺都包裹着一层幽默的外衣，使读者在欢笑之余领悟真谛。

幽默，是一个让我们摆脱外界事物，从内心里快乐起来的重要法宝。诚然，这种乐观的心态很难一直维持下去，但只要我们愿意尝试，从点点滴滴做起，就能让自己变得越来越乐观。

鲁迅不仅是一位文学巨匠，也是一位幽默大师。

有一次，他与他弟弟聊天时，侄子看到他们两人互为兄弟，在面相上却有相当大的差异，于是好奇地问道："伯伯的鼻子怎么是扁的？"

鲁迅回答说："那是因为我经常碰壁，时间久了，鼻子就给碰扁了。"一句话，逗得他弟弟和侄子们哈哈大笑。

培养一个人的幽默感，也就是培养自己的处世、生存和创造的能力。有较强生存能力的人，通常也是一个有影响力和感染力的人。在日常生活中，如果我们细心观察，就会发现，与缺乏幽默感的人相处会显得枯燥无味，甚至是一种负担，而与幽默的人相处，在任何无聊的场景下都会使我们感到愉快。

卓别林常被邀请参加一些宴会，尽管他对此并没多大兴趣，但无奈之下只好硬着头皮应付。

在一次宴会上，卓别林闲来无事，跟侍者要了一把苍蝇拍，追打一只在他头上飞的苍蝇，可拍打了好几下都没有打中。

不一会儿，一只苍蝇在他面前停下了。卓别林举起了苍蝇拍，正准备给它致命的一击，忽然，停住了动作。

周围人问："你为什么忽然停手了？"

卓别林耸了耸肩膀，说："它不是刚才缠着我的那一只。"

通常情况下，应付对所有人来说都是一种煎熬，但是，卓别林却别出心裁，自己拿自己逗趣，使聚会现场的气氛变得风趣无比。我们也免不了要跟卓别林一样参加些无聊的聚会，与其痛苦地坐在一边煎熬，还不如给自己找点儿乐子，顺便也能娱乐一下大家。

人生不如意事十之八九，如果我们总是唉声叹气，生活必然一片灰暗。如果我们能够换一种心态，见缝插针地运用幽默调侃一下生活，那么，我们的生活就会充满阳光和希望。

第二章

懂 幽 默 的 人 魅 力 大

善谈者必善幽默。幽默是语言的最高境界，能巧妙展现我们的才华、魅力和亲和力，使我们在短时间内成为人群中的焦点，使我们能跟任何人都聊得来，在任何场合都如鱼得水。

1. 人的魅力能通过幽默展现出来

一个人的魅力可以通过美貌和才学展现出来。但是，通过幽默展现出来的魅力却更加直接、更加让人印象深刻。看看我们身边的社交达人，必定都是极具幽默感的。如果我们觉得自己天生缺少魅力，我们就不妨努力培养自己的幽默感，让自己逐渐也变得魅力四射起来。

马尔科姆·萨金特是美国著名音乐指挥家和风琴手。在他70岁诞辰时，很多记者前来贺寿。

有一个记者问他："您能活到70高龄，应该归功于什么？"

马尔科姆·萨金特想了想，说："我认为必须归功于这一事实，那就是我没有死。"

第二天，当报纸刊登出这一新闻之后，很多原本并未关注马尔科姆·萨金特的人都开始打听他的消息。

幽默就是具有如此大的魔力！马尔科姆·萨金特一句具有幽默感的话，不仅给周围的人带来了欢乐，也使自己备受他人的关心和瞩目，从而增强自己的魅力指数。

可见，在与他人交往时，一个小小的幽默，往往能让你在瞬间吸引众人的目光，让他人更愿意与你接近。幽默让你的语言独具特色，无论多么大的场合，无论有多少人在场，运用幽默，你都可以迅速地成为人群中的焦点。

在一次年会上，小张和同事坐在一起聊天。

小张一直想把自己的工作心得拿出来与同事们一起分享。但是，小王是个急性子，每次都是小张刚开了个头，小王便急着插进话来。

小张见状，站起来说道："小王，说话跟买票一样，都是要排队的哦，请不要在中间插队，好吗？"

听了这句话，大家都哈哈大笑起来。大家的注意力随之也都转移到了小张身上。

小张本来想成为人群中的目标，可没想到却被小王抢了风头。但是，小张并没有发火或者指责小王，而是巧妙地用一句幽默将焦点再次转移到了自己身上，既达到了目的，也不伤害与小王之间的感情，同时，让大家更加敬佩小张的睿智。

幽默犹如春风，能够吹绿荒芜的心灵，让人在备感轻松愉悦之时，拉近人与人之间关系。如果我们想在人群中备受瞩目，成为焦点，那么就一定要学好幽默这门课程。

英国思想家培根说："善谈者必善幽默。"幽默所带给人的魅力就在于话不直说，但却让人通过曲折含蓄的表达方式心领神会。如果说语言是心灵的桥梁，那么，幽默便是桥上行驶最快的列车。它穿梭在此岸与彼岸之间，时而鲜明时而隐晦地表达着某种心意，并以最快捷的方式直抵人的心灵深处，提升幽默者在对方心中的分量和人格魅力。

2. 懂幽默的人在任何场合都如鱼得水

在实际生活与工作中，我们会遭遇到各种各样令人头疼难堪的交际场合，如果处理不当，就可能给自己招来不必要的麻烦，使自己陷入窘境。但是，如果我们能急中生智，巧妙运用幽默化解，那么，无论任何场合我们都能如鱼得水。

在一些重大社交场合，由于各种原因，有时可能会遭遇冷场，如果我们能不时穿插一些小幽默，不仅能活跃气氛，还能赢得他人的好感，获得众多的支持与理解。

一次，著名作家王蒙应邀到上海某大学演讲。

他刚走到讲台时，看到同学们的积极性不是很高。于是，他在开场白中说："由于我这几天身体不太好，感冒咳嗽，不大能说话，还请大家谅解。不过，我想这也不一定是坏事，这是在时刻提醒我多做事少说话……"

王蒙这句幽默开场白立刻把台下同学的情绪调动起来。

王蒙整个演说过程，幽默不断，掌声不断，在座学生完全被他的演说所吸引。同学们的热情度可以说达到了高潮。在演说结束之后，有些同学对他似乎还是恋恋不舍。

语言是"伴随着温度"的东西，而幽默沟通术则能使语言"升温"。可以说，幽默是缓解冷场、赢得人心的绝佳方式。

在一些公共场合，有时难免会遇到一些意外的突发情况，让我们陷入尴尬难堪的境地。这时，我们不妨来点幽默，不仅能缓和紧张的气氛，而且还能更快更好地解决问题，使局面重新得到控制，使自己摆脱尴尬的处境。

众所周知，第一次登上月球的人是阿姆斯特朗。但是，大家不知道的是，与阿姆斯特朗一起登月的还有一个人，叫奥尔德林，只因为阿姆斯特朗先踏出第一步，奥尔德林错失"登月第一人"的称号。

在庆功宴上，一位记者出乎意料地向奥尔德林提出一个特别的问题："阿姆斯特朗先下去了，所以成为登月第一人，这样一来，你会不会觉得非常遗憾呢？"

当时的场面顿时变得有几分尴尬。所有人都屏住呼吸等待奥尔德林回答。但是，奥尔德林却非常有风度地说："各位，千万不要忘了，回到地面时，我是第一个走出船舱的。"

环视了一下四周，他又接着说："所以，我是由别的星球来到地球的第一人。"

此语一出，与会宾客都被奥尔德林的幽默逗乐了，宴会上传出如雷的掌声。

奥尔德林巧用一个小幽默，不仅缓解了当时的尴尬局面，也让人为他的豁达开朗而折服。

丘吉尔在刚任首相不久后，为了了解美国的外交政策，亲自赴美国会见罗斯福总统。

在丘吉尔抵美的第二天，罗斯福一大早就来拜访丘吉尔。正巧，丘吉尔刚刚洗完澡，全身赤裸地走出浴室。

罗斯福一看情况不对，立即困窘地要转头离去。丘吉尔却叫住了罗斯福，神情自若地对他说："你看！英国首相对美国总统的'坦诚相见'，是绝对没有任何一丝隐瞒啊！"

罗斯福频频点头，笑着说："你说得好！你说得好！"

丘吉尔运用机智幽默的语言，不仅当场化解了双方的尴尬，而且一语双关，充分表达了英国人对美国人的那份坦诚以待的尊敬和诚意。

在现实生活中，类似上面的尴尬场合时有发生，如果想巧妙地让自己摆脱这种意料之外的尴尬，我们就需要具有应对突发事件的冷静与智慧，以及灵活使用幽默的技巧。

在人际交往过程中，有时我们难免会与人争辩，甚至遭遇别人的辛辣讽刺。这时，倘若我们能善用幽默辩论，则往往能够使火药味降到最低，且能够完好而含蓄地表达出自己的立场。

一个朋友嫌弃索克拉特太穷。

有一天，这位朋友骑着一匹十分矫健的马，引得许多过往行人驻足欣赏。

索克拉特走上前去，说："我想，这匹马一定很富有……它一定拥有大笔财富。"

朋友笑起来，说："你知道，任何一匹马都是不可能有钱的。"

索克拉特说："没有钱？它和我一样贫穷！可是你瞧，这并不妨碍它成为一匹好马！"

"没有钱也可以成为一匹好马"，暗示贫穷并不妨碍人成为好人，索克拉特假借对马的评价，巧妙地论证了钱并非评价一个人好坏的标准。这种辩论以故作蠢言开始，以机智巧辩结束，幽默而不失含蓄温和。

有一次，马克·吐温去拜访法国名人波盖。

波盖取笑美国的历史很短："美国人没事儿做的时候，往往就爱想念他的祖宗，可是一想到他的祖父那一代，就不得不停止了。"

马克·吐温听了之后淡淡一笑，以诙谐轻松的语气说："当法国人闲来无事的时候，总是尽全力地想他的父亲到底是谁？"

由此可见，如果幽默运用得当，不仅可以使一个敌对的人哑口无言，还可以解除尴尬的局面，赢得别人的称赞。

在社交场合，幽默的沟通力就像润滑剂一样协调着人们的关系，例如解救冷场、应对意外、维护利益与尊严等，以此提高沟通效率。尤其在公共场合，幽默更能显示出一个人的素质、修养以及应变的灵敏与机智。所以，我们学会运用幽默，就能在任何场合都如鱼得水，沟通无往不胜。

3. 幽默使人一开口就有成功者的姿态

相信每一个人都渴望在事业上取得成功，而幽默是助你迈向成功的必不可少的工具。一个懂得幽默的人，无论在任何场合，面对任何人，只要一开口，就能展现出成功者的姿态，由此而赢得别人的尊重和信任，并在工作与生活中与他人建立和谐的关系。

在攀登人生顶峰的途中，我们必然会遇到不少机遇，当然，也必定会遭遇许多意想不到的阻力。这时，只要我们拥有良好的心理状态，学会用幽默的方式来应对，就能化解忧虑，将很多转瞬即逝的机遇握在手中。

一位竞选总统的议员到农村去演说，演说刚进行到一半，就遭到了反对者攻击——他们鼓动当地的农民用西红柿和其他一些农产品砸向这位议员。

面对这样的状况，议员面不改色，没有表现出任何愤怒之意，而是神色自若地掸掉了身上的东西后，微笑着对在场的农民说："我对你们现在的困境不是很了解，但是，假如我有幸当选为你们的总统，我一定有办法解决你们的农产品过剩问题。"

此话一出，那些向他扔东西的人都备感愧疚，都转而支持这位议员竞选总统。

这位议员如果正面反抗或者回避问题，肯定会使自己的形象大打折扣，甚至引发众怒，导致交流和沟通无法继续进行，而采用幽默的语言，不仅能挽回难堪颜面，还为自己赢得了信任与支持。

难怪有人说："博人好感者必善于幽默。"虽然这句话显得有点太夸张绝对，但是，幽默在人际沟通中确实起着不可小觑的作用，尤其是在一些充满敌意的场合，幽默简直就是制胜的武器。它能帮助你含蓄而豁达地表现自己，帮助你成功地与他人交往和沟通，帮助你在逆境中将困难一一化解。

在卡普尔担任美国电话公共公司的最高行政主管期间，有一次董事会议上，各位股东对他的领导方式极为不满，提出了很多批评和责问。整个会议的气氛突然变得异常紧张激烈，其中一些人甚至根本无法控制自己的激动情绪。

其中，有一位女士认为公司应该多一些慈善事业方面的捐赠。她说："请问公司在去年一年中，用于慈善事业方面有多少钱？"语气中明显带着尖锐的挑战性。

卡普尔回答说："有几百万美元。"

那位女士听到公司用于福利的钱仅仅有几百万元之后，情绪更加激动，不屑地说："我想我快要晕倒了。"

卡普尔面不改色地说："我看那样更好些。"

此言一出，与会的各位股东都忍不住笑了起来，就连那位女士也被气得笑出声来，而整个会议的紧张气氛也随着股东们的笑声得到了缓解。卡普尔运用幽默武器化解了股东们对他的敌意，同时，也解除了大家焦虑的心情。

由此可见，不论我们从事的是什么行业，身居怎样的位置，都要善于运用幽默的力量。因为，在实际工作中，幽默能够造成一股去了解、影响并激励他人的力量，同时也造成一股去了解并接受自己的力量，并助我们在成功路上走得更加顺畅。

詹姆斯是一位极富幽默的警官。无论遇到任何案件或难题，他总是能幽默面对，使困难迎刃而解。

一天，一男子爬上纽约的一座大厦楼顶，做出要跳楼的样子，企图制造一件轰动全国的新闻。楼下很快聚集了很多人，包括警察、医生和记者。

局长和警长轮番喊着话，并试图救险。那男人毫不理睬，并威胁性地叫嚷："别过来！谁要是过来，我就跳下去！"

这时，詹姆斯带了一名医生走上前，冲男子喊道："你放心，我们不打算阻止你。不过，这位医生想问问你，你死后，是否愿意把尸体捐献给医院？"

就这一句话，让那个男子便乖乖地从楼顶走了下来。

又是一天清晨，在闹市区的一个路口，有个演说者在发表演说："如今政治腐败透顶了，我们应把众议院和参议院统统烧了！"由此招来众多的人围观，严重地堵塞了交通。

当警察赶到时，马路上已经堵得水泄不通。

这时，只听詹姆斯大叫一声："现在，请同意烧参议院的人站到左边，同意烧众议院的站到右边。"

不到一分钟，人群便向左右两侧迅速分开，道路豁然开朗，一下子疏通了。

无论遇到什么情况，詹姆斯总是能运用他的幽默和智慧轻松地处理。

为此，他被评为了警察局里的"年度最佳警员"。

一个善用幽默的人，无论遇到任何难题，只要一开口，就能使问题迎刃而解，同时，也为自己赢得成功的机会。詹姆斯能解决众多棘手问题，能赢得警察局的认同，与他的幽默是密不可分的。

不仅如此，用幽默表达不满情绪，能帮助说话者走向成功——遭到不公正或不平等待遇时，运用幽默巧妙地回击，为自己赢得利益和尊严。

有一次，但丁受邀参加当地一个新执政官上任的升迁宴会。在宴会上，侍者端给意大利各城邦使节的是一条条很大的煎鱼，而给但丁送上的仅仅是几条小鱼。

但丁没有品尝佳肴，只是故意当着主人的面，把盘里的小鱼逐条拿起靠近耳朵，然后又一一放回盘中。

宴会主人见此情况，就问但丁："你为什么做这种莫名其妙的动作?"

但丁站起身来，清了下嗓子，以在场所有人都能听到的音量回答说："几年前，我的一位朋友，很不幸地在海上遇难。自那以后，我始终不知道他的遗体是否安然埋于海底。我就问问这些小鱼——也许它们多少知道一些情况……"

宴会主人对此很感兴趣，又接着问："那么，它们对你说了些什么呢?"

但丁故弄玄虚地回答说："小鱼们告诉我说，那时它们都很幼小，对过去的事情不太了解，不过，也许邻桌的大鱼们知道一些具体情况。它们建议我向大鱼们打听打听……"

宴会主人不由得笑了，转身责备侍者不应怠慢贵客，吩咐他们马上给但丁换了大鱼。

如果换作常人，像但丁这样在宴会中受到不公平待遇，很可能会默不作声或是愤怒离席。但是，但丁却将自己的不满用幽默婉转地表达出来，不仅幽默地指出对方过失，同时，也维护了自己的尊严，由此避免了不必要的冲突，其乐融融地达到了双赢境界。

在社交中，不论我们是普通一员，还是担任领导职务，只要善于运用幽默的力量，都能在社交活动中游刃有余，增强自身的魅力，并不断走向成功。

4. 要想亲和力强，你少不了幽默

细心的人会发现，大凡成功者，都具有较强的亲和力，无论走到哪里，都会备受追捧和拥戴。要想亲和力强，我们就要善用幽默，让自己变得可爱起来。因为一个懂得幽默的人，就如同拥有能够春风化雨的魔力，能使紧张的气氛轻松起来，使陌生的心灵瞬间亲近。

美国著名律师约翰·马克是位黑人。

在一次演说中，他信心十足地来到演说现场准备开讲。这时，他发现，在场的听众大多数都是白人，而且普遍对黑人存有偏见。于是，他果断放弃了事先准备好的"开场白"，换言说："女士们，先生们，我到这里来，与其说是发表讲话，倒不如说给这场合增添点颜色。"

话音刚落，听众们全都哈哈大笑起来，紧绷的对立情绪一下子被笑声驱散了。此后数个小时里，会场都表现出了前所未有的安静。

亲和力是一个人魅力的重要组成部分。约翰·马克通过幽默的开场白，给自己增添了亲和力，消除了那些听众潜在的敌意，最终推动了演说顺利进行。

而对领导者来说，亲和力尤为重要。因为作为现代领导者，如果总是一副不苟言笑，以威慑人的形象，不仅达不到良好的管理效果，还会

导致下属强烈的逆反心理。相反，如果在处理工作中的问题时能适当地使用幽默，就能够增强领导者的亲和力，使工作得以顺利进行。

某著名跨国公司董事长给员工开会时，全场静悄悄的，只听董事长一个人在讲话。这时，有人突然间放了一个响屁，与会者的眼睛全睁得大大的，紧张地注视着主席台上这位平时不苟言笑的老头子。

董事长扫了会场一眼，摘下眼镜，说："我们生活在一个民主的国度里，有意见可以站起来提，不必在下面抗议。"

他幽默的语调使全场发出了潮水般的笑声。

紧接着，员工们开始纷纷向董事长提出了很多具有建树性的建议。这次会议也成为该公司有史以来最成功的一次会议。

如此成功的一次会议，我们不能否认这多半应该归功于董事长的幽默。实践证明，幽默的领导有亲和力，永远比到处发"官威"的人更受欢迎。说话幽默的领导者，或许看起来很严肃，但会运用幽默的技巧，能让人感到轻松，容易产生亲近感，比传统的施政手段更能发挥奇效。

幽默可以拉近人与人的心理距离，促进人际关系的友好和谐。但是，有人担心幽默会降低自己在别人面前的形象，其实不然，只要你幽默得放松自然，不但会让你显得胸襟宽广，而且还会让你显得更加和蔼可亲。

有一次，朋友们为张大千设宴饯行，并特邀梅兰芳等人作陪。宴会伊始，大家请张大千坐首座。

张大千说："梅先生是君子，应坐首座，我是小人，应陪末座。"

梅兰芳和众人都不明白他的意思。

张大千解释道："不是有句话'君子动口，小人动手'吗？梅先生唱戏是动口，我作画是动手，我理该请梅先生坐首座。"

满堂来宾为之大笑，并请他俩一起坐首座。

　　张大千自嘲为小人，让梅兰芳上座，既表现了他的豁达胸怀，又营造了宽松和谐的氛围。

　　俄国文学家契诃夫说过："不懂得开玩笑的人是没有希望的人。"一个具有幽默感的人，很容易令人亲近；一个具有幽默感的人，很容易使接近他的人有机会享受轻松愉快的气氛；一个具有幽默感的人，也能为自己的人生增添更多的光彩。

$5.$ 表现风度的最佳途径就是幽默

语言是展示个人风度的最主要形式。在社交场合中，幽默的话语可以让朴实无华的表达多一些变化，多一些欢喜，让听者在交谈之中感觉到你的良好风度，从而为你的个人形象加分，令你的人际关系更加和谐。掌握了幽默智慧，你不仅可以做到锦上添花，还可以给人雪中送炭的温暖。

一个有风度的人，无论在任何场合，基本上都能够克制自己的情绪波动，保持好自己的良好仪态。在日常生活中，如果你多多留意，就会发现，那些有风度的人的身上始终充盈着一种独特的魅力。就算是在一些很小的场合，他们也能够将自身的良好素养充分地展现出来。

有一位美国人在咖啡厅里喝咖啡时，发现杯子里飘浮着一只苍蝇。

他即刻叫来服务生，和颜悦色地对他说："你好，虽然我觉得在咖啡单调的颜色中加点点缀很不错，但是，你可以把苍蝇与咖啡分开来放，让那些喜欢的人自己添加。你觉得如何？"

服务生顿觉愧疚万分。

这位客户看到咖啡里的苍蝇，并没直接找服务员过来数落一顿，而是通过幽默的言语予以批评，其表意委婉，柔中带刚，既容易让对方接受，又不会伤及自身的形象。他这种随机而生的幽默智慧，也让人对其更加敬佩。

在一些小的场合要保持风度，那么，在一些正式的场合，人们就更需要注意保持自己的风度了。尤其是政治人物，其形象的好与坏对其政治活动来说极为重要。不管是面对多么不利的境况，政治人物都需要权衡利弊，尽可能地为自己和他人营造更加轻松的谈话环境，化解紧张情绪，以保持轻松平和的心态和风度。

有一次，林肯正面对大众滔滔不绝地进行着他的演说。忽然，人群中有一位不知名的先生递给他一张纸条。

林肯打开了纸条一看，没想到，纸条上竟然写了这样两个字"傻瓜"。

当时，在林肯旁边有很多人都已看到了这两个字。他们都瞪眼盯着他们的总统，看他如何来处理这一公然的挑衅。

在诸多目光注视下，林肯略加沉思，微微一笑，说："本人收到过许多匿名信，全部都只有正文，不见署名，而今天却正好相反，这一张纸条上只有署名，而却缺少正文！"

话音刚落，会场里响起了为林肯的机智和幽默而鼓起的掌声。那位"署上名字"的先生也无地自容，悄悄地溜走了。而会场气氛也由紧张变得轻松起来。

在一些紧张尴尬或是充满敌意的公开场合，幽默能增强我们斗争的柔韧性，为我们树立一个良好的社会形象。因为幽默能表现出一个人修养的深厚智慧，会展现出我们优雅聪慧的风度，给无数人留下美好难忘的深刻印象，使我们在众人之中脱颖而出。

美可以创造，风度美也是可以培养的。所谓风度翩翩，也不是高不可攀，遥不可及。要想成为一个有风度的人，我们首先要培养自己的幽默感。只要我们专注地发掘个人的潜在能力，必能使幽默感滋生茁壮，继而绽放出美丽的花朵来，也必将让我们变得越来越有风度。

6. 幽默是高雅的语言艺术

幽默中虽然蕴含着引人发笑的成分，但是，它绝不是油腔滑调的故弄玄虚或矫揉造作的插科打诨。一个真正具有幽默感的人，大都具有较高的文化水平和良好的品德修养，而从那些不学无术的人的口中说出来的往往只是一些浅薄、低级的笑话。

幽默是一种高雅的语言艺术。它总是于诙谐的言语中蕴含着真理，体现着一种真善美的艺术美。因而，幽默必须是乐观健康、情调高雅的。

韩菁清与梁实秋的洞房之夜是在韩菁清家度过的。

当时，由于梁实秋的近视，加之对环境的不熟悉，他不小心头撞在墙上。韩菁清一把将他拉了起来。

这时，梁实秋笑韩菁清是"举人"（把他"举"起来）。韩菁清笑梁实秋是"进士"（近视）、"状元"（"撞垣"）。

他们这相互幽默一下，瞬间化解了当时的尴尬局面。

如果梁实秋和韩菁清不具备一定的文化修养，那么，就不会产生这样的幽默。可见，幽默是需要文化底蕴的。因为真正的幽默，必定是以健康高雅的话语、轻松愉快的形式和情绪去揭示深刻、严肃、抽象的道理，使情趣与哲理达到和谐统一。

一位哲人说过："幽默是一种轻松的深刻，面对肤浅，露出玩世不恭的微笑。"我们体会起来，这话确有道理。在人与人的交往中，面对那些浅薄狂妄之人，为了不伤害到对方的自尊，我们需要含蓄婉转地将自己的意见表达出来，从而让人含着微笑接受劝慰、忠告或批评。

有位青年要向苏格拉底学习演说术。为了表现自己的才华，他滔滔不绝地讲了许多大话。

苏格拉底没有直接批评他的浅薄与轻狂，却表示愿意收他做学生，但是收取两倍的学费。

年轻人大惑不解："为什么对我要加倍收费呢？"

苏格拉底一本正经地说："除了教你怎么演说之外，我还要再教你一门功课——怎么闭嘴。"

幽默的语言艺术就在于它能真假并用，曲折地、间接地将意见表达出来，使之耐人寻味且寓意深刻，并且能很好地照顾到对方的自尊。

幽默之所以受人欢迎，是因为它体现在"趣"、"隐"之上，它赋予平常的言谈以发人深省、意蕴深长的力量。言谈幽默者往往能使人心中一亮，恍若流星划过暗夜的天空，光华只在瞬间闪耀，美丽却在心中存留。

据说《大不列颠百科全书》最初几版收纳"爱情"条目，用了五页的篇幅，内容非常具体。但到第14版之后这一条目却被删掉了，新增的"原子弹"条目占了与之相当的篇幅。

有一位读者为此感到愤慨，责备编辑部藐视这种人类最美好的感情，而热衷于杀人武器。对此，该书的总编辑约斯特非常幽默地给予了回答："对于爱情，读百科全书不如亲身体验；而对于原子弹，亲身尝试不如读这本书好。"

这位总编辑的幽默中包含了很深的哲理。他将爱情和原子弹进行比较，在答复读者质问的同时又表达了他和读者一样，珍惜人类最美好的感情、不愿原子弹成为"人类之祸"的思想。总编辑简单明了又具有穿透力的言语使幽默提升到一个更高层次，具有了更深、更广的含义。

幽默的高雅性还体现在它能化解矛盾，避免大动干戈。在现实生活中，我们常常可以看到，在双方争论激烈、剑拔弩张、僵持不下时，其中一方的一两句幽默的话语，就可以使得双方握手言和、化干戈为玉帛。

有一位商人见到诗人海涅（海涅是犹太人），对他说："我最近去了塔希提岛，你知道在岛上最能引起我注意的是什么？"

海涅说："是什么？"

商人说："在那个岛上呀，既没有犹太人，也没有驴子！"

海涅回答说："那好办，我们一起去塔希提岛，就可以弥补这个缺陷。"

商人把"犹太人"与"驴子"相提并论，显然是暗骂"犹太人与驴子一样，无法到达那个岛"，而海涅则听出了对方的侮辱和取笑，回答时话里有话，暗示这个商人是驴子，使商人自讨没趣。海涅运用一句小幽默，避免了他与商人之间的正面冲突，既维护了自己作为犹太人的尊严，也有力地回击了商人对他的侮辱。

幽默是一种高层次的语言艺术和思维智慧。真正的幽默需要深刻的思想、高尚的人格、轻松愉快的表达形式，让人在开怀的同时还能受到启迪。或许我们在幽默时无法达到伟人的高尚纯洁的人格魅力，但是，我们至少要保持一定的精神品位，不谈那些低调庸俗的东西，而应该多一些高雅的内容，多一些精神交流和切磋，这样才能相互促进、共同提高，使得人与人的交往更益于工作、生活及身心健康。

7. 幽默高手必定是极具修养之人

有位哲人说："世界上没有哪一位伟大的革命家、艺术家是没有幽默感的。"幽默不仅是一种优美的、健康的品质，而且还是一种修养、一门学问。知识是孕育幽默的沃土，幽默是知识的产物。只有掌握了广博的知识，运用幽默才能得心应手、左右逢源。

一辆疾驰而拥挤的公交车突然紧急刹车时，一位男士不慎撞在了一位女士身上。该女士认为这名男士是故意占她便宜，大声骂道："德性！"

骂声引来众多好奇的目光。该男士立即回应："对不起，小姐，不是德性是惯性！"

女士忍俊不禁。于是，全车人释然。

幽默是瞬间的灵思，所以必须有丰富的学识和高度的机智，才能发出幽默的语句，才可能化解尴尬的场面，于谈话间有警世的作用，或者作为不露骨地自卫与反击。

泰格是哈佛大学毕业的著名律师，当选为美国某州州议员。

有一次，他穿乡下人的服装到波士顿某旅馆入住。

一群绅士淑女在大厅里看到了他，便对他戏弄一番。

泰格对他们说："女士们，先生们，请允许我祝愿你们愉快和健康。

在这前进的时代里，难道你们不可以变得更有教养、更聪明吗？你们仅从我的衣服看我，不免看错了人，因为同样的原因，我还以为你们是绅士淑女呢，看来，我们都看错了。"

幽默不是讽刺，它或许带有温和的嘲讽，却不刺伤人，从而体现出一个人的修养和人格魅力。至于幽默对象，它可以是以别人，也可以用自己为对象，而在这当中，便显示了幽默与被幽默的胸襟与自信。

据说，林肯老婆也是著名泼妇，喜欢破口骂人。

有一天，一个十二三岁送报的小孩，因为送报太迟了，遭到林肯太太百般辱骂。

小孩去向报馆老板哭诉，说她不该骂人过甚，以后他不去那家送报了。于是，老板向林肯提起这件小事。

林肯说："算了吧，我都忍受她十多年了，那小孩才偶然挨一次骂，算什么？"

这是林肯的自我解嘲，既在一定程度上安慰了别人受伤的心灵，也表现了他对妻子的包容与爱护。

有时，当身边的人提出一些你无法接受的要求，但若生硬地拒绝，又容易伤害彼此之间的感情。这时，运用幽默委婉地拒绝别人，是一种非常高明的有修养的做法。

罗斯福当选美国总统前，曾在海军任要职。

有一天，他的一位朋友向他打探海军在加勒比海一个小岛上建立海军基地的保密计划。

罗斯福向四周看了看，压低嗓门："你能保密吗？"

朋友爽快地答应："当然能了！"

罗斯福微笑着说："那么，我也能。"

　　可见，用温和曲折的语言拒绝别人，既容易被人接受，也顾全了被拒绝者的尊严，从而维护了人际交往的和谐延续。

　　幽默高手往往都具有一种宽宏博大的胸怀。他们大多宽厚仁慈，富有同情心。它不是超然物外地看破红尘，而是一种积极豁达的人生观念，是具有修养者的外在表现。

　　有一位客户正在一家小餐馆进餐。

　　吃到一半时，他突然高喊："服务员，快来呀！"

　　在场的人都吃了一惊。当服务员赶来时，他不慌不忙地朝饭碗里指了指，说："请帮我把这块石头从饭碗里抬出去好吗？"

　　有一位将军，在化疗期间，头发都掉光了。

　　在一次庆功宴会上，一个年轻的士兵不小心将一杯酒泼到了将军头上。全场顿时鸦雀无声。士兵悚然而立，不知所措。

　　那位将军看了看四周，拍着那位士兵的肩膀，说："小兄弟，你认为这样做就能让我的头发重新长出来吗？"

　　紧接着，宴会上顿时爆发出了笑声，人们紧绷的心弦松弛下来了，将军也因他的大度和幽默而显得更加可亲可敬。

　　在社交场合中，难免会发生冲突或者不愉快，由于某种原因，我们必须对朋友当场提出批评时，不妨采取上面这种曲折暗示的方法，这样既能表达你的意见，又能避免短兵相接、激化矛盾，还能表现我们豁达大度的良好修养。

　　幽默的口才不是天生的，大多是后天"修养"而来的。在修炼幽默感时，我们要明白，一个心胸狭窄、思想消极的人其言语往往很难充满趣味；幽默属于那些心宽气明，对生活充满热忱、自身具有高深修养的人。因此，我们不要对自己有不切实际的过高要求，不要过于在意别人对自己的看法，学会善意地理解别人，正确地认识自我，不论在什么样的环境中总是保持一颗愉悦向上的心，坚持提升自我修养，才能成为一个幽默高手。

8. 幽默能成就你的威信

作为一名优秀的领导，要想在员工面前树立威信，不能仅仅在员工面前表现出自己严肃、认真的一面，还要在员工面前展现出自己幽默风趣的一面，以此来树立和蔼可亲的形象，给员工带来欢乐，让公司的气氛融洽，从而带动员工工作的热情，增强公司的凝聚力。

一家公司的经理和员工们一起冒雨卸货，浑身淋得透湿。

他抹着脸上的雨水，笑着对员工们说："今天，我们的晚餐可以加一道新菜了。"

没等员工们反应过来，他就接着说："清蒸'落汤鸡'，味道肯定不赖！"

他一句话把员工们都给逗乐了，工作中的饥饿和劳累顿时被一扫而光。

幽默作为管理者的一种优美、健康的品质，如若能恰如其分地运用，必然能够激励员工，使之心甘情愿为公司效力。

乔是某企业的主管。他是一个非常善于与员工沟通的人。

有一次，他出差回到公司，正好碰到公司的职员们聚在办公室一起哼唱《神曲·弥赛亚》中的一段合唱。

职员们一见主管到来，匆匆奔回各自的工作岗位。见到这种怠工的状况，乔并没有发火，而是对员工们说："刚才好像听到弥赛亚来过了，大家怎么不请他等我一下？"

作为领导，在员工心目中塑造一个平易近人的形象需要通过多种途径和下属们做好沟通工作。领导和员工在一起，如果能够一直保持一种幽默轻松的氛围，那么，领导在下属心目中，自然而然就产生威信力了。

据美国针对1160名管理者的一项调查披露：77%的人在员工会议上以讲笑话来打破僵局；52%的人认为幽默对开展业务有帮助；50%的人认为企业应该考虑聘请一名"幽默顾问"来帮助员工放松；39%的人提倡在员工中"开怀大笑"。一些著名的跨国公司，上至总裁下到一般部门主管，都已经开始将幽默融入日常的管理活动当中，并将它作为一种崭新的激励手段。

美国第30任总统柯立芝有一位漂亮的女秘书，人虽长得不错，但工作中却粗心大意。

一天早晨，柯立芝看见秘书走进办公室，便对她说："今天你穿的这身衣服真漂亮，正适合你这样年轻漂亮的小姐。"

这几句话出自柯立芝口中，简直让秘书受宠若惊。

柯立芝接着说："但也不要骄傲，我相信你的公文处理也能和你一样漂亮的。"

果然，从那天起，女秘书在公文上很少出错了。

当领导者懂得运用幽默力量去管理员工时，不仅很容易得到下属的尊敬和爱戴，而且，还很容易将责任落实到位，使其自由地发挥创意的进取精神。

有些领导者担心自己的幽默会影响自己在下属心中的威信。事实证明，那些懂得给自己注入幽默的领导者，往往更富有气魄和领导魅力。

如今，国外的一些企业已经将是否具有幽默感列为选择工作人员必备条件之一，因为具有幽默感的口才是衡量一个人社交能力的重要指标。身为企业中坚力量的领导者，当然更应具备幽默这种必备的素质。如果一个领导者谈吐风趣，具有幽默口才，那么，他往往更容易博得广大群众的好感与信任，同时，也一定具有随机应变的能力，能婉言地道出难以启口的问题，能使自己所领导的团队变得友好与和睦，并成为团队的精神领袖。

那么，领导者具体该如何培养自己的幽默感呢？

博览群书，拓宽自己的知识面。知识积累得多了，在跟各种人在各种场合接触时，自然就会变得胸有成竹、从容自如。

需培养高尚的情趣和乐观的信念。一个心胸狭窄、思想消极的人是不会产生幽默感的，幽默出自那些心宽气明、对生活充满热忱的人。

提高观察力和想象力，要多多运用联想和比喻。

作为一名企业主管，要有意识地训练自己对突发状况的反应速度和应变能力。如多参加社会交往，多接触形形色色的人，都可以增强管理者的社会交往能力和幽默感。

在这里，还有一些技巧需要注意：

幽默不要太随意。要想取得理想的效果，就要在某些特定的场合和条件下发挥，而不能不假思索地随意乱用。例如，在一个正式的会议上，当你的员工在发言时，你突然冒出一两句幽默的话语，可能其他人会被你的幽默逗笑了，但发言的那位员工的心里肯定觉得你不尊重他，对他的发言不感兴趣。

幽默要远低俗、近高雅。作为领导者，要想树立威信，在制造幽默时，一定要选择趣味高雅的幽默，否则，会降低你在员工心目中的形象。

不需要幽默时不要硬幽默。如果你所处的条件并不完备，你却要尽力表现出幽默，其结果往往会勉为其难，对方也不知该不该笑一笑。这样，双方都会陷入尴尬的境地。

9. 幽默最能提升你的魅力指数

幽默是对一个人语言能力更高层次的要求。不管是生活上，还是事业上，幽默都能够提升一个人的魅力指数，让人在生活中左右逢源，在事业上妙解难题，凸显魅力，获得更多的赞许和支持。

在"世界小姐"决赛现场上，主考人向一位小姐提了一个让人意想不到的问题："如果可以选择，请问你是愿意嫁给肖邦还是希特勒？"

那位小姐停顿了片刻，微笑着回答说："我愿意嫁给希特勒。"

就在全场一时愕然，人们纷纷替她惋惜之时，那位小姐又接着说："如果我能嫁给希特勒，也许人类就不会发生第二次世界大战了。"

顿时，满堂为之喝彩，那位小姐得到了在场所有人的支持。

懂得幽默的人就是具有这样一种运筹帷幄的能力，它可以在无形无声中让对方尊重自己，认同自己，肯定自己，心甘情愿信服自己。

人生在世，我们不可避免地要面对尴尬，这很可能会威胁到我们良久得来的风度、魅力和好口碑。但是，懂得幽默的人通常可以化险为夷，巧妙应对，及时地抓住机遇，让自己的魅力光环更添亮丽。

一个年轻人给女友过生日，热热闹闹的生日宴会进行到高潮时，他一位毛手毛脚的同事喝多了，无意中撞到了桌子，几个酒杯应声落在地板上摔碎了。

大家面面相觑，觉得这是一个不祥的兆头，一时间气氛紧张起来。令大家没想到的是，年轻人不慌不忙地拥抱了女友，说："亲爱的，这是祝福你落地生花，岁岁（碎碎）平安呢！"

女友瞬间心花怒放，激动地给了他一个吻，宴会也恢复了之前的欢歌笑语。

一个懂得运用幽默的人，不仅能够更好地面对生活中的难题，还能将自己的优点充分展现出来，有时甚至能将自身的缺陷当成提升魅力指数的武器。

美国有一位体态肥胖的女政治家。在竞争激烈的竞选中，她并没有因为她外形的劣势而处于下风，反而利用其劣势为自己赢得了更多的选票，而这一切都源于她的幽默。

在竞选演说中，女政治家轻松地自我解嘲说："有一次，我穿着白色的泳衣在大海里游泳的时候，引来了苏联的轰炸机，被人误以为发现了美国军舰。"

结果，这位女政治家凭借自己的幽默魅力打动了在场的选民。

人无完人，每个人都有这样或那样的缺陷和不足，但这并不能够成为提升魅力的阻碍和借口。一个人只要懂得适度运用幽默，无论自身存在多大缺陷，其魅力指数都会倍增。人们忽视女政治家的外形，而更看重她的幽默魅力就是明证。

幽默的魅力，好似空谷幽兰，我们无法看到它怒放的样子，却能闻到它清新淡雅的香味；又如同美人垂帘，我们无法目睹美人之容貌，却能听到婉转娇媚之声音，给人留下无限想象的空间……幽默所散发出来的魅力是一种良性循环，它让人具有魅力，让具有魅力的人更有魅力。我们变得幽默起来吧！

第三章

当 众 说 话 ， 吸 引 听 众 全 靠 幽 默

人人都乐意与有幽默感的人亲近。在大众场合，幽默的人无论在讲话开头，当中，还是结尾，都能巧妙地抓住听众的心理，即使在当众说话时遇到意外，也能通过幽默巧妙救场，让自身的智慧和魅力始终影响着听众。

1. 幽默感让人觉得你备感亲近

林语堂曾说："豁达的人生观，率直无伪的态度，加上炉火纯青的技巧，再以轻松愉快的方式表达出你的意见，这便是幽默。"幽默不是滑稽，也不是尖酸刻薄，它包含了智慧、亲切、诚恳，并带人情味，它可以让人觉得你备感亲近，进而拉近与别人的距离。当众说话时，幽默的功用就会表现得非常明显了。

幽默能够迅速消除人与人之间的陌生感，并为幽默者增添魅力。同时，幽默也能拉近人与人之间的感情距离，因为一起笑的人表明他们之间已经产生了共同兴趣、爱好，这是社交成功的第一步，也是很重要的一步。

有一家坐落在四季宜人的风景名胜区内的旅社，叫作泰远旅社。一个保险销售员前往这家旅社，向老板推销保险。当保险销售员对那家旅社老板在旅社中进行推销时，如同一般投保人的反应一样，那位老板对保险销售员说："这件事情让我再考虑几天，因为我还需要和我的太太商量一下。"

保险销售员在听完他的托词后，对他说："来到贵店'太远'，如是'太近'的话，多来几次也无妨。但偏偏我身居在那遥远的台北……"

听了这番话之后，那位老板忍俊不禁，笑个不停。结果，在那一天，保险销售员谈成了这笔生意。

因为这家旅社名叫泰远，与太远同音。这位保险销售员巧借同音幽默一把，从而博得旅社老板的好感，使得双方在愉悦氛围中达成合作。

相信每个人都喜欢生活在愉快的氛围中，因此，当我们身处尴尬紧张的僵局时，如果能以一种了解、体谅的心情来待人处事、化解僵局，适时幽默一下，必定就能广结善缘。

有一次，由爱因斯坦证婚的一对年轻夫妇带着小儿子来看他。孩子刚看了爱因斯坦一眼就号啕大哭起来，弄得这对夫妇很尴尬。

幽默的爱因斯坦却摸着孩子的头，高兴地说："你是第一个肯当面说出你对我的印象的人。"

在晚辈来做客的轻松气氛下，爱因斯坦的幽默言谈并没有损及他自己的面子，反而活跃了气氛，使来看望他的这对夫妇能在一种轻松自在气氛中和他交流。

幽默能缓和气氛，打破僵局。有幽默感的人必然是一个感觉敏锐，心理健康的人，也必然是笑颜常开，胸襟豁达的人。这样的人让人感觉到亲近，使得别人乐意与之交往，与之亲近，与之为友。

有位大法官，他寓所隔壁有个歌唱家，常常把音响的音量放大到使人难以忍受的程度。

有一天，这位法官忍无可忍，便拿着一把斧子，来到邻居家门口，说："我来修修你的音响。"

歌唱家吓了一跳，急忙表示抱歉。

法官说："该抱歉的是我，你可别到法庭去告我，瞧我把凶器都带来了。"

说完，两人像朋友一样笑开了。

幽默就像一缕阳光，可以驱散重重乌云，一切的怀疑、郁闷、恐惧，都会在幽默中消散无踪。幽默运用得法，可以使一个敌对的人哑口无言，还可以解除尴尬的局面，使我们四周充满欢笑。

在生活中，当我们遇到挫折或不幸时，每个人都希望得到他人的安慰。然而，安慰并非仅仅是说几句让人宽心的活，如果能在安慰他人的时候加入幽默，那么，就可以让对方在逆境中感到温暖，从而缓解精神压力，更好地面对生活中的各种难题。

人生在世，不如意事十之八九，这就需要我们能以乐观的心态看待挫折和低潮，能以幽默风趣的态度来应对困难。当我们身边的人身处逆境时，我们要懂得幽默地加以安慰，以此缓解他们难过的情绪。

幽默是一种积极的生活态度。没有幽默感的人，就像没有弹簧的马车一样，路上的每一块或大或小的石头都会使其遭到颠簸。获得别人好感，关键因素就在于把幽默注入别人的内心，以此消除彼此之间的距离感，让人觉得你备感亲近。

2. 一个幽默的开场白能征服所有听众

对于一场演说而言，开场白尤为重要，它决定了整个演说的成败趋势。一般来说，如果演说者的开场白过于枯燥乏味，那么，后面的内容就是再精彩，也无法勾起听众的兴趣，如此一来，沟通效果必然大打折扣。相反，如果演说者能以幽默开场，那么，就能在瞬间调动场内气氛，激起听众的兴趣，接下来的沟通就会顺利得多。要想整个演说取得成功，我们在开场白时就要想办法去征服所有听众。

俗话说"好的开始是成功的一半"，运用幽默的力量驾驭开场白，可以使你与听众建立成功的沟通关系。正如休斯敦的一位演说家所说："据我了解，幽默很容易就能给听众留下深刻印象，幽默的目的就在于让听众喜欢上讲演的人。如果他们喜欢讲演的人，那么也必定喜欢他所讲的内容。"为此，许多成功的演说者在为演说做准备时，总是反复思索，不断修改其讲稿的开场白，以期保证开始的几句话漂亮、精彩、有力，立刻能够抓住听众的注意力，加深听众对自己的印象，并赚取人气。

在一次演说的开始，演说者这样的一个开场白，引起了大家的兴趣："大家都羡慕我到了这把年纪还保持着良好的体形，我要把功劳全部归于我的夫人。25年以前，我们结婚的时候，我曾经对她说：'希望我们以后永远不要争吵，亲爱的。不管遇到什么心烦的事，我绝不和你吵架，我只会到外面走一走。'所以，诸位今天能看到我保持着良好的体形，这是 25 年来我每天都在外面走一走的结果！"

一个妙趣横生的开场白，在三言两语间就能牢牢抓住听众的注意力，为接下来的演说打下一个良好的沟通基础。风趣开场的内容可以多种多样，如讲一段笑话或开个玩笑，一两句话即可。但不管是什么内容，都应当符合当时的情景，紧扣演说的主题，至少要与你所讲的内容有某种联系。这样既活跃了气氛，又巧妙地引入了演说内容，使听众有一个心理适应，进而达到引人入胜、事半功倍的效果。

以下是一些比较成功的幽默开场白，你不妨做一个参考。

例如，讲人生的问题时，你可以说："女士们，先生们，无论人生有多少艰难与痛苦，我们总是可以在一个地方找到慰藉的，那就是词典里。"

在讲人际关系时，你也可以用几句幽默来吸引听众的注意力："我认识的人中，第一个炒我鱿鱼的老板最为圆滑。他对我说'哥们儿，我真不知道公司少了你将会如何。不过，从下月1号起，我们只好勉强维持下去了。'"

当然，在现实演说中，确实有些话题过于严肃，需要借助幽默的力量缓和气氛。如果你演说的目的是募集一项医药基金，或者为医院的扩充和更换先进设备而募捐，那么你就免不了要谈到大家忌讳的死亡问题或严重疾病。这种时候，插科打诨是最忌讳的，你最好以一则趣闻逸事来缓和听众的紧张情绪。

用幽默来强化主题、摆脱尴尬，用幽默的力量营造一种较为轻松的演说氛围，可以使听众置身于其中，并减轻他们的忌讳，舒缓他们的情绪。

　　对于演说者而言，当主持人把你带到台前，介绍给听众，你对介绍词也做出了正确的反应，并发表了一段良好的开场白征服所有观众后，你的演说就算成功了一半。至于最终成败与否，就看你是否能够引导听众跟着你的思路前行。

3. 再好的主题，演说者不幽默也乏味

美国著名笑星鲍勃·霍普说："题材有出色和平庸之别，但我知道如何通过语言的表达，来使普通的话题变成很棒的笑话。"可见，只要演说者善于运用幽默，即使再普通的演说主题，也能演说得很精彩。反之，再好的演说主题，如果演说者不够幽默，整个演说也会显得很乏味。

一天，鲁迅在讲一篇《西南荒经》的小说，里面提到一种叫讹兽的动物。传说，讹兽是一种充满灵气的妖兽，其肉鲜美，但人吃了后就无法说真话。虽然起初学生们对讹兽很好奇，但是，毕竟是传说，又没人见过，所以他们听得懵懵懂懂，兴致不高。

这时，鲁迅插上一段生动的问路故事：说是有一个人到旧上海找一个地方，走到一个岔路口时，他不知该如何走了，便向周围的人问路。一个人说向东，一个人说向南，还有一个人说向西，三个人回答了三个方向，问路人啼笑皆非。

讲述之后，鲁迅幽默地来了一句："大约他们都吃过讹兽吧！"

此言一出，学生们顿时哄堂大笑。笑声过后，学生们都全神贯注地听鲁迅讲课了。

对于讹兽这一传说中的动物，学生们虽然很感兴趣，但由于不够了

解，便觉得索然无味。这时，鲁迅适时插入一个笑话故事，使学生们精神为之振奋，继续听下去。最后，在笑声中，学生们既加深了对讹兽的理解，又接受了教育，而且会更喜欢鲁迅的讲课。

幽默充满了令人愉快、深受启迪的智慧，能增加讲话的说服力和感染力，使得演说内容更加引人入胜。如果想要讲话深深吸引并感染到别人，就一定要学会在讲话中运用幽默，可以是一两句幽默的语言，也可以是一个或者多个幽默故事，以此阐释自己的观点，让讲话深入人心，让听众回味无穷，津津乐道。

有一位知名学者应邀回母校做演说。为了吸引同学们听讲的兴趣，他在演说时用幽默的语言插入了一段自己在大学读书时追女孩的经历：

"在我们那个年代，大学不像你们现在这么丰富多彩。我们那时候除了追女孩外没有什么事情可做。上大学的我平凡得不能再平凡，那时候什么都没有，就长成我这样的，基本上不用考虑本班的战场，没有我的立足之地，我就发展别班的战场。我看上了一个女生，据说还是50名校花之一。你千万可别小瞧，50名校花之一可了不得，当时，我们可有156名女孩呢！

"你们说我那时是弱势群体，我能做什么呢？我什么都做不了，最后想出了一招我能做的事：写信。第一封我写了身高、体重、家住何方、父母是干什么的、家有几个兄弟。这简直就是一份简历，没办法，那时的我什么都没有，只有这些，只能给她投简历。她没有理我。我就开始写第二封信，为了展现自己的才华，我就介绍了一下国内国际经济形势，我未来会怎么怎么做。还是没回音，我就写了第三封，说我知道你不喜欢我，我不要求你做什么，我只要求你让我默默地喜欢你就好了。

"你们知道那时的女生单纯啊！三封信就感动了她。她回信给我。我就约她看电影，看的什么电影我早就忘了。之后我们散步，我对她说："要不你嫁给我吧？"她很惊讶地问："你是认真的？"我说："是。"她说："好，我嫁给你。"就这样，第一次约会，她就答应嫁给我了，而后，我们一起走过了随后的二十多个春秋。"

接下来，台下便响起了同学们非常热烈而持久的掌声。

演说者为了吸引学生们的眼球，紧密结合学生关注的话题，校花、谈恋爱、写情书、约会等，讲述了自己的追爱故事，不断展开，层层递进，最终以完美结局收官。既激起学生的好奇心，也满足了学生们对美好爱情的渴望心理。同时，再加上演说者幽默诙谐的语言，如此演说，怎么会不受学生们的欢迎？

对于幽默高手而言，他们的陈词中从来都不缺乏幽默的内容。他们会在演说中插入一些妙趣横生的内容，这往往比振振有词的套话更能牵动听众的心弦。

2007年，比尔·盖茨应邀在哈佛大学毕业典礼上发表演说。众所周知，尽管比尔·盖茨曾就读哈佛大学，但是，他中途退学创办微软，并没有取得任何学位。因此，哈佛学报将他誉为"哈佛大学历史上最成功的辍学生"。

为了吸引学生们的注意力，精明的比尔·盖茨却把自己的"丑闻"当成了"因地制宜"的最佳题材："我为今天在座的各位同学感到高兴，你们拿到学位可比我简单多了。"

台下即刻响起一阵掌声和笑声。

接下来，他继续说："那么，你们知道我为什么会被邀请在你们的毕业典礼上演说呢？我想在所有哈佛大学的辍学生中，我是做得最好的，所以我有资格代表我这一类学生讲话。同时，你们应该庆幸，我没有出现在诸位的开学典礼上。因为我是个有恶劣影响的人，我要提醒大家，我曾经使得微软总经理也从哈佛商学院退学了。所以，假如我在你们入学欢迎仪式上演说，那么能够坚持到今天在这里毕业的人可能会少得多吧！"

紧接着，台下又是一阵雷鸣般的掌声。

比尔·盖茨的演说之所以能够如此受哈佛毕业生欢迎，是因为他抓住学生的心理需求并不断运用幽默自嘲。他知道，自负的哈佛毕业生们渴望听到的不是谆谆教诲，不是怎样才能成功的废话，更不是盖茨个人的奋斗经历，因为这些他们早就知道了。

通常来说，能在公众场合发表的演说都是比较好、比较正式的主题，都是些带有鼓舞性、说服性、抒情性和表演性的内容，但我们不能因此就一定要端起架子、板起面孔，做枯燥无味的陈述。我们要想真正吸引住听众，就要善于运用幽默，否则，就是再好的主题，演说者不幽默也会显得乏味。

4. 穿插妙语才能拨动听众的心弦

回忆一下我们所经历的那些成功的演说，就会发现演说者大都是一个善于运用幽默技巧的幽默高手。在演说时，他们一定会巧妙地穿插一些幽默语言，使得整个演说更为生动活泼和引人入胜。

1945 年，罗斯福第四次连任美国总统，当众发表演说。美国一家著名报社的记者来采访他，请他当众谈谈连任的感想。

这位记者一脸羡慕地看着罗斯福，说："如果我是您的话，我肯定会高兴坏的，您是不是也是如此？"

罗斯福看了记者一眼，默不作声地递过来一块三明治，并做出来一个"请"的动作。总统请自己吃东西，这简直是莫大的殊荣。那位记者激动地接过总统给的三明治吃了下去，然后准备好纸笔，期待罗斯福高谈阔论一番。

不料，罗斯福接着又递过来第二块、第三块三明治，记者心里惦记着采访的工作，哪有心情吃东西，但盛情难却，便勉强地吃了下去。当罗斯福递给他第四块三明治时，记者终于鼓足勇气说："这三明治真是美味，但我实在吃不下去了。"

这时，罗斯福笑着说："现在不需要我再回答什么，你也应该已经能理解我第四次连任的感想了吧！"

　　四次连任总统是什么心情呢？这不是一两句话就能说明白的，就算罗斯福说得头头是道，也未必有人能听得下去。罗斯福机智幽默，用记者吃四块三明治的体会，一语道出自己四次连任美国总统的体会。

　　这种由此深入浅出地说出心声的方法，真是妙不可言。

　　幽默故事是快乐的源泉，我们可以利用它给我们的当众讲话增添色彩。例如，我们可以以一个笑话为基本内容，然后以它为母体加以变通，使之适合于任何一个指定的演说题目，或者发展它的某种可笑性。更高明的演说者，还通过讲述自身经验来作为演说内容的"作料"，而这往往更能拨动听众的心弦。

　　著名作家吉卜林在向英国一个政治团体发表演说，主题是谈谈对内阁的看法。

　　在演说之初，他说："主席，各位女士先生们：我年轻时，曾在印度当记者，专门替一家报社报道新闻。这是很有趣的一项工作，因为它使我认识了一些骗子、拐骗公款、谋杀犯以及一些极有进取精神的正人君子。"

　　在场的听众都大笑起来。

　　吉卜林接着说："有时候，我在报道了他们被审的经过后，会去监狱看看这些正在服刑的老朋友们。我记得有一个人，因为谋杀而被判无期徒刑。他是位聪明、说话温和有条理的家伙，他把他自称为他的'生活的教训'告诉我，他说：'以我本人做例子，一个人一旦做了不诚实的事，就难以自拔，一件接一件不诚实的事一直做下去。直到最后，他发现，必须把某人除掉，才能使自己恢复正直。'"

　　台下又是一阵笑声。

接着，吉卜林说："哈，目前的内阁正是这样。"

一句话，引起了台下听众的一片欢呼。

吉卜林没有直接说出自己对内阁的看法，而是通过对过往的旧闻旧事间接地阐述了自己对内阁的看法，语言生动幽默，不仅吸引了听众的兴趣点，还引发了共鸣。

有时，为了增强当众说话效果，加深听众印象，拨动听众的心弦，演说者还可以穿插一些现成的幽默故事。

一个教授给学生做报告时，说："我刚接到一个纸条，问：'有人认为思想工作者是五官科——摆官架子，口腔科——耍嘴皮子，小儿科——骗小孩，你认为恰如其分吗？'我不这样认为，我觉得今天的思想工作者应该是理疗科——以理服人，潜移默化，增进健康。"

这位教授为了使得演说显得更加生动，便在演说中插入风趣、幽默的故事，利用类似故事中歇后语的方式加以延伸，以此阐明了自己的观点，不能不说是高明之举。

但是，在拨动听众心弦时，说话者需要注意穿插的内容一定要与话题相关，能起到说明、交代、补充的作用；穿插的内容要适度，不可过多过滥，或喧宾夺主，中心旁移；衔接要自然得当，切不可让人觉得过于勉强或节外生枝；速度要适中，太匆忙或太缓慢都不能达到预期的效果。

有时候，现存的幽默故事不多，这就要求我们在演说时要临场发挥，即兴虚构几个幽默故事。那些虽然并不是一个真实的幽默故事，但是只要它贴近生活、符合现实，往往就很容易被听众接受，只要说话者用心去讲述，也定能博得欢笑与认可，从而增加我们当众说话内容的关注度和好感。因为听众关注的是是否感兴趣，是否能让他们开心，而不是你讲述故事的虚实。

5. 发生意外时，懂幽默的人能让小插曲更精彩

在当众说话过程中，无论我们事先准备得有多充分，都免不了要遭遇一些意外情况，比如，听众寥寥无几，有人故意捣乱，有人提出刁钻古怪的问题，有人不认同说话者的观点，说话者说错话做错事，等等。在遭遇这些突发状况时，说话者千万不能气馁、动怒，更不能粗鲁地对待，因为那样会使当众说话遭到惨败，而是要运用幽默想方设法挽回僵局、弥补错误，让小插曲更加精彩。

在古今中外的演说论坛上，能够临危不乱、力挽狂澜的人不胜枚举。

有一次，林语堂应邀到美国哥伦比亚大学讲授中国文化课。在课堂上，他对中国文化大加赞赏。

这引起一位女学生的不满。她不服气地问："林博士，你是说，什么东西都是你们中国的好，难道我们美国就没有一样东西可以跟中国的相比吗？"

这是一个很难回答的问题，如果林语堂反过来赞扬美国，对演说的主题非常不利；要是严肃地表示美国不如中国，会引起在座学生的不满情绪。于是，林语堂故作轻松地回答："有的，你们美国的抽水马桶就比中国的好很多嘛。"

一句话，引起哄堂大笑，而那位发问者对这一回答也提不出任何异议。课堂气氛因此变得活跃而和谐。

美国政界要员凯升首次在众议院发表演说时，打扮得比较土气。一个议员在他演说时插嘴说："这位伊利诺伊州来的人，口袋里一定装满了麦子。"

众人听了哄堂大笑。

凯升不慌不忙地说："真的，我不仅仅口袋里装满了麦子，而且头发中还藏着许多菜籽呢！我们住在西部的人，多数是土头土脑的。"

凯升自嘲式的坦率赢得了大家的好感和敬意，接着，他大声说："不过我们藏的虽是麦子和菜籽，却能长出很好的苗子来！"

众人对这位不卑不亢的演说者鼓掌赞赏，他的演说也因此取得了成功。

在当众说话中，我们面对的听众有不同意见，提出刁难，甚至是恶意的攻击或咒骂，都是不可能完全避免的，但说话者不能漠然视之，也不能勃然大怒或与之对骂，应尽量运用幽默化解——用幽默的语言"让那些兴风作浪者闭嘴"，才能实现自己当众说话，传达信息的目的。

有时候，在当众说话过程中，由于各种原因，我们可能会说错话做错事而引起听众的哄笑。当众说话变成了当众出丑，这着实让人感到尴尬。此时，我们一定要保持镇静，巧用幽默弥补错误，将听众的注意力转移开，将自己的尴尬化解掉。

为了应付在公众场合发生意外情况，我们最好事先收集一些即席的笑话或趣闻、妙语。这些在关键时刻能赢得听众的支持和赞许。不仅如此，收集的过程也是创造的过程。我们持之以恒收集一些即席的笑话或趣闻、妙语，也会不知不觉提升自己的说话水平，让自己在当众讲话中，切题的思想自然而然从大脑中跳跃出来，使自己出口成章，妙语连珠，从而让听众如痴如醉。

天有不测风云，在当众说话中会出现许多特殊情况和意外，很多时候都是不可避免的。但是，这也正是考验说话者智慧和应变能力的时候，如果说话者能用幽默将矛盾轻松化解，那么，这个小插曲就会为当众说话加分添彩，让观众更直观地感受到我们的智慧和魅力。

6. 简短幽默的演说更具震撼效果

在有些人看来，当众说话是越长越好。其实不然，某些篇幅很长的演说，内容空洞，废话连篇，就好像"王婆的裹脚布"一样又臭又长，让听众不禁心生厌恶。相反，有些简短的演说往往更具震撼效果，它一方面能体现演说者出色的口才，另一方面能让听众产生意犹未尽之感。就像林语堂所说："绅士的演说应该像女孩子穿的迷你裙一样，越短越好。"

当然，并非所有简短的演说都能取得好效果。简单的演说除了短之外，还须精彩、幽默、有分量，这样才能达到演说的目的。

美国总统艾森豪威尔在担任哥伦比亚大学校长时，经常应邀出席各种宴会。

在一次宴会上，几位名人已经做了长篇演说，可最后主持人还是请艾森豪威尔讲话。

艾森豪威尔一看时间已经不早，便临时决定删去他已经准备好的演说稿，站起来即兴发挥："每一篇演说不管它写成书面的或其他形式，都应该有标点符号，今天晚上，我就是标点符号中的句号。"

说完，现场听众立刻报以热烈的掌声。而这次演说，也成为他最著名的演说之一。

当众说话的精彩不在于长，而在于精，看它是否能深入听众内心，引起心理共鸣。在艾森豪威尔讲话前，已经有名人做了长篇演说，该说的内容早已被他们说尽，如果此时艾森豪威尔再长篇大论演说，就会显得画蛇添足，只会让听众心生反感，而他只做了一个简短精悍的总结，不仅迎合听众的心理需求，也让听众产生意犹未尽之感。

简短精悍的演说，不仅能产生爆棚的震撼效果，有时，还被一些机智灵敏的演说家用来临场救急，以此化解听众的不满情绪。

著名作家梁实秋擅长演说。他的演说独具风采，给人们留下了深刻的印象。他在北京师大任教时期，时任校长刘真常请名人到校演说。

有一次，演说者因故迟到，在座师生都等得很不耐烦。于是，刘真便请梁实秋上台给同学们讲几句话。梁实秋本不想充当这类角色，但校长有令，他只好以一副无奈的表情，慢吞吞地说："以前演京戏，往往在正戏上演之前，找一个二三流的角色，上台来跳跳加官，以便让后台的主角有充分的时间准备。我现在就是领命出来跳加官的。"

此话一出，顿时引起全场哄堂大笑，驱散了师生们的不快。

面对演说者迟到的尴尬情形，梁实秋被迫"救场"。此时，他如果长篇大论，就会有"喧宾夺主"之嫌，而简单敷衍，又会令听众更加反感，所以他选择用"跳加官"自嘲，话语虽短，却幽默而耐人寻味，既奉命救了场，也表达了自己的无奈。

还有一些出色的演说家，他们在毫无准备的情况下被邀即兴演说。为了不枉盛情而又不让自己出错，他们便急中生智，将要说的内容浓缩成一句话，恰如其分地表达出其中的关键意思，从而令人拍案叫绝，印象深刻。

马寅初是我国著名的学者。在他担任北京大学校长期间，曾经参加过中文系老师郭良夫的结婚典礼。

当贺喜的人发现了马寅初校长到来时，情绪高涨，并想请他做一段即席致辞。马寅初本来没有准备，但处在这种喜庆的环境下，又不忍心拂众人的意，只好来段即兴演说。

他说："我想请新娘放心，因为根据新郎大名，他就一定是位好丈夫。"

这句话刚说完的时候，大家都感到莫名其妙，不知此话有何寓意。但是，很快，大家联想到新郎的名字，恍然大悟。原来新郎的名字为"良夫"，而"良夫"就是"好丈夫"的意思。

于是，大家都开怀大笑起来。

马寅初借用了新郎的大名传达了两个意思：一是表达了校长对教师的良好祝愿；二是希望郭老师人如其名，做一个好丈夫，从而营造出一个和谐轻松的氛围。

在做简短演说时，演说不但要尽量精简，还要最大限度地表达清楚内容，很多幽默高手在这方面总有一些出其不意的技巧。

1938 年，陶行知在武汉大学做演说。那天，大礼堂里挤得满满的。会议开始后，有几位先生先后上台做了演说。轮到陶行知时，会场上响起了一阵热烈的掌声。

他不慌不忙地拿着一个包走上了讲台，什么也没有说便从包里抓出一只活蹦乱跳的大公鸡。

接着，陶行知从口袋里掏出一把米放在桌上，并用左手按住鸡的头，逼它吃米。鸡只叫不吃。陶行知又掰开鸡的嘴，把米硬塞进去。鸡挣扎着仍不肯吃。于是，陶行知轻轻松开手，把鸡放在桌子上，自己后退了几步。只见大公鸡抖了抖翅膀，伸头四处张望了一下，便从容地低下头吃起米来。

这时，陶行知说话了："各位，你们都看到了吧！你逼鸡吃米，或者把米硬塞到它的嘴里，它都不肯吃。但是，如果你换一种方式，让它自由自在，它就会主动地去吃米。"

陶行知又向会场扫视了一圈，加重语气说："我认为，教育就跟喂鸡一样。老师强迫学生去学习，把知识硬灌给他们，他们是不情愿学的，即使去学也是食而不化，过不了多久，他还会把知识还给老师的。但是，如果让学生主动去学习，充分发挥他的主观能动性，那效果一定会好得多！"

此时，大家恍然大悟，爆发出热烈的掌声。

陶行知借用"公鸡吃米"的实例说明了培养学生主动学习的重要性，不仅省去了长篇大论的累赘，也使得他的理论更具有说服性和幽默性。

一个演说者上台演说，他慷慨激昂地说："我演说的题目是'说坚守岗位'。"

说完这句后，他就再没有下文，就这样下台了。

听众听得十分不解，又莫名其妙，还有些人甚至开始感到气愤。

这时，演说者再次走上了台说："如果我在演说的时候离开讲台，大家是不是不能忍受？那么，如果在工作时间擅离职守，不是更加让人无法容忍，更应该被人谴责吗？我的演说完了，谢谢大家。"

他的话刚说完，就响起了一阵热烈的掌声。显然，听众都很喜欢他的演说方式。

这个演说者的演说虽短，却强悍有力，给听众留下了深刻的印象。

他借用下台这个行动，清晰准确地向听众表达了这次演说的内容，既让听众听得明白过瘾，又不会让听众产生厌烦的情绪。听众热烈的掌声就证明了这次演说的成功。

　　浓缩的都是精华。当众说话也是如此，没有人喜欢听长篇大论。很多时候，三个小时的废话连篇，不如30分钟的简短演说。我们在当众说话过程中要注意，能短则短，能幽默简单说的，坚决不说得冗长拖沓，因为冗长只会消磨掉听众的激情，让人听了产生厌倦之意思。

7. 幽默让演说在笑声中结束

一场成功演说，不仅要有一个好的开头和过程，还要有一个好的结尾，要做到善始善终，让演说在笑声中结束。

对整个演说而言，开头和结尾两个部分尤为重要。但是，结尾通常比开头更难以掌握。因为最后的字句，虽然已经结束，却是听众记忆最深最久的话语！当演说者的结束语简短、有力、切题，并且因充满了迷人的幽默感而显得很生动活泼时，听众才会产生"余音绕梁，三日不绝"的意犹未尽之感。而意犹未尽，则是演说结尾追求的极致。

在一次演说中，老舍开头就说："我今天给大家谈六个问题。"

接着，他第一、第二、第三、第四、第五，按顺序一个个谈下去。

谈完第五个问题，他一看离散会的时间不多了，于是提高了嗓门，一本正经地说："第六，散会。"

听众起初一愣，几秒钟后，响起了热烈的掌声。

老舍在演说中打破了正常的演说顺序，从而出乎听众的意料，达到了一定的幽默效果。一个演说者能在结束时赢得笑声，不仅能体现出自己演说技巧的娴熟，还能给本人和听众双方都留下愉快美好的回忆，这通常被视为演说圆满结束的标志。

幽默的结尾不仅能提升整个演说的内涵和风采，更能使听众体味到十足的美感，从而给听众留下深刻的印象。

在很多演说中，很多演说者在前面讲得很吸引人，在结尾却往往讲得异常糟糕。有些人虽然已经宣告演说结束，却还喜欢画蛇添足地进行"归纳或小结"，或者用动作与表情来表明演说即将结束。如此一来，就会使得演说结尾拖泥带水，冗长烦琐，使得听众们失去最后的耐心，甚至开始计算离场的时间。所以，要想使得演说获取成功，演说结尾一定要干脆利落，最好能出乎听众的意料。

1936年，《纽约时报》和"美国书籍出版者协会"共同举办了第一届全美书展。林语堂被邀去演说。

林语堂一上台，先不说话，四下打量，气势就出来了。

接着，他不慌不忙地讲起中国人的人生哲学和生活态度。他没有拿稿子，好像句句是临场发挥，纯正的发音，地道的表达技巧，机智俏皮的口吻赢得了一阵又一阵的掌声。

就在大家正听得入神，他却猛地收起话匣子："中国哲人的作风是，有话就说，说完就走！"

他挥一挥衣袖，背着手踱起方步，飘然而去。

在座的人面面相觑，半天没回过神来，随后，爆发出热烈欢快的掌声。

林语堂在听众听得入神时猛地收起话匣子，结尾干脆利落，极具幽默，在让听众出人意料的同时，又使其产生意犹未尽之感。如此结尾确实是风格独具，别出心裁。

幽默的结尾不一定要笑而不止，或者大笑不停，但是，它能在一定程度缓解听众的精神疲劳，让人精神得到清新的鼓舞，同时使演说熠熠生辉、余音不绝。

为了提升演说的幽默性，我们可以通过幽默的语言和相应的动作来讲述一个有趣的故事，一语双关地为演说的主题做总结。如此，才能收到良好的效果，让台下的听众们面带笑容地离去。

美国诗人、文艺评论家詹姆斯·罗威尔在担任驻英大使期间，他在伦敦举行过一次晚宴，并发表了一篇名为《餐后演讲》的即席演说。

在演说的结尾，他讲了一个故事："我在很小的时候听人讲过一个故事，讲的是美国一个卫理公会的牧师。他在一个野营的布道会上布道，讲了约书亚的故事。他是这样开头的：'信徒们，太阳的运行方式有三种，第一种是向前或者说是径直的运动；第二种是后退或者说是向后的运动；第三种即是在我们的经文中提到的静止不动。'

"先生们，不知你们是否明白这个故事的寓意，希望你们明白了。今晚的餐后演讲者，首先是走径直的方向（起身离座，做示范）——即太阳向前的运动。然后他又返回，开始重复自己——即太阳向后的运动。最后，凭着良好的方向感，将自己带到终点。这就是我们刚才说过的太阳静止的运动。"

这种紧扣主题的传神形象演说，可谓惟妙惟肖、天衣无缝，如何能不赢得现场观众的热烈掌声和欢笑声呢？

通常来说，成功的演说能体现出启迪真理、激发感情、感染艺术、导引行动等效果。而幽默风趣的结尾是整个演说幽默的升华，也是演说者全部幽默智慧的总爆发。它能将演说者所传递的信息如同印章一般印刻在听众心坎上，使隽永的意蕴余音不绝。

第四章

幽默给点力，工作环境才能轻松

在事业上顺风顺水的人，大部分都是懂得幽默的高手。因为他们幽默，他们受人关注，容易处理好各种关系，创造轻松愉快的工作环境，赢得上司的赏识，赢得下属的拥戴，赢得同事的喜欢。

1. 职场达人都懂得幽默

在职场中，有这样一群人，他们不仅与同事之间关系和谐融洽，而且深得领导器重。更为重要的是，他们在事业上如鱼得水，步步高升。对，他们就是我们眼中的职场达人！

那么，他们究竟是凭借什么修炼成职场达人的呢？

细心观察，你会发现，这些职场达人都是懂得幽默的高手。在与同事相处、与领导沟通的过程中，无论遇到任何难题，他们都能够运用幽默的语言调节关系，解决困难。

在职场中，同事是彼此事业上的合作伙伴，与同事的关系处得是否得当，将直接影响到我们的工作效率。所以，在事业上获得成功的人，一定要深谙幽默这一沟通艺术。即便初到职场的新人或者性格腼腆的人，即便面对与互有意见、心存不满的同事，幽默也能助我们一臂之力。

一位男士和一位女士在同一家公司工作三年了。由于不在一个办公室内，两人很少在一起交流，甚至都没有说过几句话，关系一直都很平淡。

后来，这位女同事结婚了，男同事得知喜讯时，借向她道贺的机会打趣地说："你真是舍近求远。公司里有我这样的人才，你竟然没发现。"

一句话把这位女同事逗得大笑起来。她接过话来，幽默地说："不是我舍近求远，而是因为你太优秀了，光芒四射，晃了我的眼睛，所以我才没有及时发现你。"

听了这句话，男同事也不禁大笑起来。从此以后，两个人的关系明显熟络了不少。

可见，一次简短而幽默的对话，就能让两个人的关系变得融洽起来。在工作闲暇之时，我们不妨和同事们开开玩笑吧，以此帮助你树立幽默风趣、讨人喜欢的良好形象，实现与同事的和谐沟通。

在工作中，由于工作性质和分工不同，同事之间因意见不同很容易产生误会，有时搞得不欢而散，甚至使双方结下芥蒂。发生冲突或争吵之后，无论怎样妥善地处理，总会在心里、感情上蒙上一层阴影，为日后的相处带来障碍，最好的办法还是尽量避免。所以，当同事之间有了不同看法时，如果我们能用幽默表达不同的意见，就既能达到目的又不至于闹得彼此不开心。

瑞克在一个会计部门任职员。有一次发工资的时候，他的工资卡里竟然没有收到工资。他没有暴跳如雷，也没有破口大骂，只是以轻松愉快的口吻去问人力资源部门的人："怎么回事？难道说我的工资扣除的钱，竟然达到了一整个月的工资了吗？"

人力资源部门的工作人员经过核实后，发现确实漏发了工资，便连连向瑞克道歉。

瑞克用一种宽容的态度对待同事的错误，并用自己的幽默与同事分享了自己的轻松愉快的心情，这样的同事当然会受人欢迎。

每个人都有自尊心，伤害了他人的自尊心，必然会引起对方的反感。同事期望太多或要求太多，或者存在不同或错误的意见时，采用幽默的方式开个适度的玩笑，相信你们接下来的沟通会变顺畅，使工作在和谐中收到事半功倍之效。

人在职场，最难沟通的，还是上下级之间的关系。作为下属，有时难免要向领导提一些自己的看法或要求，如果表述不当，可能会引起领导对你的偏见和不满，使你很难在公司立足。其实，与领导沟通是有一定技巧的，其中，运用幽默的语言是职场达人比较青睐的方法。

小黄是一个非常有才华而且智慧出众的设计师。他在一家装修公司工作了五年。在这期间，他大大小小创造了不少业绩。可是，他的工资却一直很稳定，丝毫没有提升。

有一次，小黄新设计的一个装修方案被公司采纳了。公司老板非常高兴，鼓励他说："小黄，你这个方案很有创意，继续加油干，我不会亏待你的。"

趁这个机会，小黄鼓足勇气开口对老板说："您就放心吧，我相信您会把这句话一起放进我的工资卡里的。"

老板会意地笑了，爽快地说："会的，一定会的。"

不久，小黄如愿以偿地加了薪，并被升为设计总监。

不论我们从事什么职业，幽默的言谈都能助你一臂之力。拥有了这种能力，我们就拥有了所向披靡的事业"助推器"。所以，任何想要成为职场达人的人，在工作中一定要善于运用幽默，处理好各种关系，为工作蒸蒸日上创造良好的外在条件。

2. 展现幽默力，建立良好的工作关系

现代社会瞬息万变，速度和效率的地位急剧攀升，作为职场人，时常感受到一种莫名的心理压力和焦虑，而幽默则是我们最好的"减压阀"。幽默不仅能使职场人的心情变得轻松愉悦，而且有助于在职场的各种工作关系中左右逢源，成就事业。

如今，在招聘员工的时候，越来越多的大公司都倾向于那些具备幽默感的人才。有一位知名总裁曾经说过："我专门雇用那些善于制造快乐气氛，并能自我解嘲的人。这样的人能把自己推销给大家，让人们接受他本人，同时也接受他的观点、方法和产品。"恰到好处的幽默，不仅能消除同事之间由于误解而可能爆发的指责和争执，为职场关系的良好发展提供了动力。

在职场上，弱者通常被人们看不起。这时，弱者千万不要自卑，不妨试着用幽默去赢得同事、领导的好感，取得他们对你的信任和亲近，进而与其建立友善和睦的工作关系。而有了良好的外部环境后，弱者只要努力奋进，假以时日，也会很快去掉弱者身份，成为一个令人关注的强者。

有一个男职员，由于他所在公司被另一家大公司并购，新的工作环

境和工作性质让他感到很不如意。他时常因拖后腿而遭到新同事的埋怨和反感。他与办公室其他同事的关系也很不协调。

有一天，那名职员又拖了后腿。他故作悲哀地说："我看大家都愿意我被辞退，因为无论什么事情，我都是落在最后。"

谁知这句话收到了意想不到的效果。虽然他真的拖拉和办事效率低，但是，同事们看到他有一种诚恳的自我评价态度，对他产生了信任和亲近的感觉。

从此，他与同事之间建立了友善的共事关系，而且，在同事的帮助下，他很快就适应了新工作。

在工作过程中，同事之间有时会因为想法不同而产生分歧，如果双方僵持不下，甚至还会引发矛盾，严重影响工作进展和同事之间的情谊。要想打破僵局，任何一方都可以在一个适当的机会，巧用幽默进行化解。懂幽默的人遇到这种情况，往往会占主动，通过幽默去化解矛盾，消除对方的敌意，给自己创造良好的环境。

小雅和小美是多年的同事，两人相向而坐，情同姐妹，彼此也有着良好的默契。

然而，有一次，为了处理上司交代的项目，两人产生了不同意见。在无法协调的情况下，她们居然发生了严重的口角，后来彼此冷战，形同陌路。

一周后，小雅实在忍受不了这样的工作气氛。为了打破僵局，她趁小美也坐在座位时，翻箱倒柜，把办公桌的抽屉全部打开来东翻西找。

过了一会儿，小美终于开口说话了："喂，你把所有抽屉打开来，到底在找什么？"

小雅看看小美，幽默地说："我在找你的嘴巴和声音啦！你一直不跟我说话，我都快活不下去啦！"

两人扑哧一笑，最终和好如初。

一个具有幽默感的人必然会有一颗豁达的心灵，他在面对矛盾时，不会只着眼于他人的错误和缺点。不管事实真相如何，他都能够了解并接受人性的小错，并借幽默增进同事间的工作关系。

为了建立良好的工作关系，不仅要处理好与同事之间的关系，还要设法消除与领导者之间的距离感。下属幽默地"冒犯"领导者就是拉近双方距离的好办法，因为以下犯上的幽默使用得适时适度，往往能够拉近与领导者的距离，并赢得领导者的理解和信任。

下属处理与领导的关系需要使用幽默，领导者在与他人协调工作时更需要使用幽默。因为发挥个人的才能要比处理众多的人事问题困难得多，除了要有献身精神外，还得不断鼓舞众人的士气，帮助大家解决工作上的困难，取得成员的信任和拥护。此时，幽默是领导者可以借助的最好外力。

罗克尼是著名足球教练。他曾借助幽默的力量指挥诺特丹球队在一次比赛中反败为胜。

球赛进行到上半场结束时，罗克尼执教的诺特丹队比威斯康星队落后很多。在休息室中，他一直保持缄默。直到要上场比赛之际，他突然大喊道："好吧，小姐们，走吧！"

这句话逗笑了全体队员，也传达了严肃的信息。最终，诺特丹队赢了比赛。

罗克尼借助幽默的力量，重振了球员的士气，帮助他们忘记并战胜艰难的处境，从而赢得比赛的胜利。而这次胜利，在某种意义上，跟罗克尼这个教练使用幽默激励队员们是密不可分的。

在工作中，除了同事关系，领导与被领导关系，还有合作关系。处理合作关系应该平等协商，相互提意见、表示不同观点也应客气委婉些，以免伤了和气，而以幽默语言来表达其想法就是最佳途径。

在工作过程中，我们需要处理各种工作关系，例如同事之间的关系、领导与被领导的关系、合作关系等，任何一种关系出现了问题，就会使我们整个工作关系失去平衡。为了建立良好的工作关系，我们要善于运用幽默的力量，适时调节、妥善平衡。因为幽默的人跟任何人都聊得来，能处理好与各种人的关系。

3. 幽默一点提意见，他人能愉快接受

在工作中，为了工作的顺利开展，为了协调好各种关系，我们需要向同事或者领导者提意见。如果我们提意见的态度和方式过于强硬，就会引起同事或者领导的不满，从而影响在职场的人际关系乃至未来的前途。这时，如果我们善于运用幽默技巧，用幽默提意见，不仅对方能愉快地接受，还能增进彼此之间的关系，拉近彼此的心理距离。

一名女员工星期一上班又迟到了。负责考勤的男员工问她："女士，你星期天晚上有没有时间？"

女员工回答："当然有，先生！"

男员工笑着提醒道："那就请您早点休息，以免您每个星期一早上上班迟到！"

女员工羞愧地点点头。从那以后，她再也没有迟到。

男员工对女同事的提醒是善意的，又以幽默委婉的方式表达出来，女员工自然会更乐于接受。在向同事表达出自己的想法和要求时，首先我们应该以尊重对方为前提，不能伤害到对方的自尊心，同时，我们也应该有一个真诚、坦白的态度，让同事觉得我们是希望得到合作，而不是故意在挑他的毛病。

正所谓"人无完人"，每个人的身上都或多或少会存在一些毛病。因此，对待同事，我们也不能要求过高。如果在同事身上看到有阳光的一面，那在他身上必然会有阴暗的一面，相反，如果不幸地看到了同事身上的阴暗面，那也并不代表他没有阳光的一面。所以，对待同事要宽容一些，我们要学会接受期待与现实之间的落差，能够用幽默去给对方提意见或者做评价。

某公司有一位爱喝酒的员工，经常会因喝酒太多而耽误工作。

在公司的一次问卷调查中，他同事在写评价时这样写道："他这个人很诚实，忠于职守，而且通常情况下是'清醒'的。"

这位同事以幽默的语言指出了爱喝酒的那位同事的缺点，既不会伤害他们之间的感情，也会令对方深刻反思改正。其实，身在职场，只要善于运用幽默，体谅和宽容同事，那么，我们就能与同事更好地相处，工作也会轻松得多，而且，还会使别人喜欢接近，从而在以后的竞争中得到更多支持。

然而，很多人不懂得幽默的艺术，经常会与同事因为一些小问题而争执不下，最终搞得不欢而散，甚至使双方心生芥蒂。为了规避这些不愉快的事情发生，我们应该运用幽默的方式委婉地表达对同事的意见。

有一家公司的餐饮部，伙食非常糟糕，收费却很贵。职员们经常抱怨吃得不满意，甚至还骂餐厅负责人。

这一天，一位职员买了一份菜后叫起来。他用手指捏着一条鱼的尾巴，从盘子里提起来，对餐厅负责人喊道："喂，你过来问问这条鱼吧，它的肉去哪里啦？"

餐厅里其他人都哄然大笑。餐厅负责人只好过来对他解释，并表示下次不会再有类似事情发生了。

当我们对同事的某些做法不满时，我们也要向这位职员那样，善于克制自己的情绪，委婉地表达自己的意见。因此，幽默的语言可以使同事在笑声中进行反思，从而让其在不知不觉中改进你不满意的那些。

在职场中，有时我们还会遭遇一些不公平的待遇。这时，我们需要领导者出来主持公道。但是，碍于领导的威严，很多职员都不敢向领导提意见。其实，如果我们善用幽默语言向领导提意见，那么，就会很容易让领导者接受自己的意见。

一天清晨，一位将军去兵营视察的时候，顺便询问了一下士兵们的早餐状况。大多数士兵都含糊其辞地对将军说"还行"、"不错"。只有一位士兵一脸满足地说："一杯牛奶、一个鸡蛋、一个三明治、一盘水果、一碗麦片粥、两个夹肉卷饼，长官。"

将军听了之后，非常疑惑地对士兵说："这都快赶上国王的早餐了！"

随后，这位士兵毕恭毕敬地回答说："长官，很遗憾，这是我在外面餐馆吃的。"

视察结束后，将军即刻下令改善了士兵的伙食待遇。

这位士兵巧用幽默表达了对军中伙食的不满，不仅让长官一下子就弄清楚了士兵们想要的伙食标准，而且还让长官更容易接受自己的想法。可见，只要善用幽默，下属向领导提要求也就会产生很神奇的功效。

每个人都有出现失误和过错的时候，对别人这些无意间犯下的过错给予充分地谅解，并用幽默的方式委婉提出，就能换来友善和谐的工作氛围。或许我们的宽容可能让自己一时感到委屈，但是，它能体现崇高的修养和豁达的胸怀。因而，这种幽默的提意见方法往往容易引起领导足够的重视，从而满足我们提出的要求。

4. 巧用幽默来解围，解决难题又有面子

工作是我们赖以生存和发展的手段。在工作中，我们有成功的欢乐，也有失败的苦楚；有晋职加薪的喜悦，也有人际关系不协调、上下左右不相容的尴尬难堪。其实，工作中的任何难题，只要我们善用幽默，我们的工作都会变得一帆风顺，卓有成效。

有时，由于工作需要，我们会因遭遇人事变动或转任较低职位的工作而气馁颓丧。世事变化无常，我们大可不必为此忧虑，就算被降职，也是培养实力的大好机会。只要我们用点幽默，就能巧妙地给自己解围，解决难题，保住面子。

某公司的某职员被外调至分公司工作。决定人事变动的经理以安慰的口吻对他说："喂！你也用不着太气馁，不久以后，我们还是会把你调回总公司来的！"

那位被调的职员以第三者旁观的口气，毫不在乎地说："哪里？我才不会气馁呢！我只不过觉得像董事长退休时的心情而已。"

面对外调，这位职员不但没有气馁，反而用幽默来调节自己，从而使自己以良好的心态投入到新的工作中去。在面对工作中的困难时，我们除了要调节好自己的心态外，还可以通过运用幽默与人分享欢笑，以

此帮助我们在工作中取得他人的支持，从而摆脱工作困境。

不仅如此，在工作中，当我们看到同事、领导陷入一些不友好的语言或尴尬的场面时，不妨动动脑筋，伸出援手，巧用幽默帮助他们解围。由此一来，我们的仗义相助，不仅能够帮助他人摆脱尴尬情境，使整个气氛变得轻松愉快，还能够赢得他人的信任。

有位老师应邀到某知名大学举办学术讲座。

在谈及自己喜好的诗作时，这位老师准备朗诵一节内容。可是，诗稿被他遗忘在一个学员的课桌上，他需要走下讲台去拿。由于教室是阶梯式的，在上台阶的时候，他一不留神跌倒在第二级台阶上，不少学员哄堂大笑。当时，那位老师的脸涨红了。

这时，跟老师一同前来的助手拿起了话筒，指着台阶说："你们看，上一个台阶是如此不容易啊，老师是想告诉我们这样一个道理：生活不容易，作诗同样不容易。"

这位助手的话语顿时赢得了满堂的掌声。

在表达对学员们的谢意后，那位老师已经整理好了心情，微笑着重新走上讲台，继续自己的讲座。

这位助手运用幽默巧言化解了老师的尴尬，当然，在这个过程中，那位幽默的助手不仅给下面学员留下了深刻的印象，还赢得了领导的信任。

幽默的语言能使紧张的气氛立刻转变为轻松活泼，使交际中的尴尬情境得以化解。当然，在帮助同事解围时，无论处于什么职位，我们都应该从善意的角度出发，用幽默的话语去缓和紧张气氛；调节尴尬的氛围，这对职场调节人际关系有着积极的意义。

某公司销售部有一位职员叫程前，由于年轻时候长过很多青春痘，满脸都是疤痕。因此，他经常被同事嘲笑为"橘子皮"。这位职员感到十分委屈，且恼火万分。

部门经理实在看不过去，便把所有销售部同事叫来，当着大家的面说道："我知道大家最近都说程前是'橘子皮'。就算真像也不能这么说啊，太不照顾同事的情绪了。如果你们一定要和他开玩笑，可以这样说：程前，他长得很提神。"

程前会心地笑了，其他曾经嘲笑他的同事也都羞愧地笑了。从此，再也没有人叫他"橘子皮"了。

这位部门经理就这样在笑声中帮助程前摆脱了尴尬，足见他的幽默智慧和领导协调能力。

在工作中，当表现出色、绩效卓越时，我们千万不能骄傲自夸，否则，就会拉开你和同事的距离，使自己站在了所有人的对立面。这时，我们不妨运用幽默，调侃一下自己在工作中的小失误，以此赢得所有人的好感。

在职场中，幽默的语言无处不在，它已经成为我们跟领导、同事、下属交际的调和剂。无论我们在工作中遭遇任何困境，幽默的语言通常能够为我们排忧解难，化忧为喜，让人开怀一笑。因此，在职场中，我们需要学会点幽默，懂得利用幽默去与人沟通，利用幽默替自己解围。

5. 交谈时来点小幽默，为职场增添点情趣

在很多人看来，同事在一起没话聊，尤其是当彼此存在一些利益纠葛时，关系就会变得更加紧张。其实，除了家人，同事是和我们在一起相处时间最长的人了，如果我们每天都如此拘谨，不仅会使工作越发枯燥，还会让生活更加乏味，久而久之，甚至会厌烦你所从事的工作。

为了消除这种紧张的工作氛围，我们可以尝试添加一些幽默元素，为闲聊增加一些乐趣，从而消除人与人之间的敌意，营造出一种亲近和谐的人际氛围。

在工作间隙时，与同事交谈，我们不妨多用一些幽默话语，这样不仅能缓解紧张的工作氛围，帮助同事放松神经，增添办公室情趣，还能让自己的形象也变得更可爱、更亲切。

年底，小宇所在公司的事务特别多。他的同事个个精神状态不佳，看起来十分疲惫。

经理见状，把所有职员召集到厂区的操场上，要求每位职员都围着操场跑上六圈，用来提神解困，增强体质。

小宇平时缺乏体育锻炼，当跑到第四圈时，他已经累得举步维艰，上气不接下气。于是，他大着胆子向经理撒谎道："报告经理，我都已经

跑九圈了，为什么还不让我停下来啊？"

经理故作惊讶地说："是吗？那怎么办？我怎么好意思让你吃亏呢？那这样，你现在立刻向后转，再跑三圈，这叫多退少补！"

其他同事听闻后哈哈大笑，顿时精神倍爽。

这位经理见到员工工作状态不佳，便巧用体育锻炼和幽默语言，不仅缓解了员工身心的疲惫，使其精力充沛地投入到工作之中，同时，也必然使他深受员工爱戴。

在实际工作中，同事间经常会发生一些令人始料不及的突发事件。此时，我们应该保持镇静，不能跟同事闹别扭，相互扯皮，而应该及时用幽默来调节一下气氛，替同事圆场，化解危机。

同事之间保持正常交往，能大大提高工作效率。但是，需要注意的是，我们跟同事玩幽默不能无所顾忌地乱开玩笑，应该注意性别，把握分寸，分清场合。

作为一名职场人士，建立良好的职场关系，得到同事的尊重，无疑对我们未来的生存和发展有着重要的意义。而且，人际关系和谐，工作环境也会变得轻松愉快，这会帮助我们摆脱工作的单调和乏味，树立良好的心态去面对工作和生活。而幽默不仅能让我们建立良好的职场关系，创造良好的工作环境，还可以给我们的工作增添一点情趣。我们在职场中，学会利用幽默是必不可少的。

6. 用幽默自我推销，你巧妙地赢得赏识

正所谓"千里马常有，而伯乐不常有"，在这个竞争激烈的社会，自我推销显得尤为重要，如果我们坐在原地静等"伯乐"，恐怕永无出头之日。

说到自我推销，推销方法的高明与否则往往是成败的关键。有些人甚至就因为方法不当，虽然颇具才华，但却不能得到别人的赏识。但是，如果懂得在自我推销的过程中注入幽默的成分，就一定会收到事半功倍的效果。

一个年轻人在找工作。他来到麦当劳应聘小时工。

人事经理问他："年轻人，你都会做什么？"

人事经理回答说："我什么都不会，不过我会唱歌。"

人事经理说："那你就唱一首歌试试吧！"

于是，年轻人就开始唱歌："更多选择，更多欢笑，就在麦当劳！"

人事经理一听就笑了，随后又问了他一些与麦当劳相关的问题。

最后，年轻人被顺利录用了。

年轻人在面试中借助了幽默的力量，首先就以唱歌的方式说出了麦当劳的广告语，不仅顺利博得人事经理一笑，同时还赢得了赏识，赢得

了工作机会。

自我推销，说白了就是自我夸耀，为自己做宣传广告。为此，有些人会羞于开口。其实，我们大可不必有任何顾虑和羞愧。一直以来，自我夸耀是所有商业行为的基础。没有自我夸耀，就不会有生意，更不会成功。日本百货业的巨人丸井百货公司在推出可以签账购买任何东西的"绿色签账卡"时，有一句很幽默的自夸词："除了爱人之外，什么东西都卖给你。"日本罗德企业集团在韩国的休闲购物据点罗德广场落成时，其企业总裁重光武雄也说了一句颇有幽默感的话："除了葬仪社之外，我们应有尽有。"

但是，我们需要注意的是，在向别人推销自己时，如果言辞太过于自夸，在较含蓄的社会中还是不太容易被接受的。不过，同样是自我推销，若是由具有幽默感的人来说，可能就会动听得多，让人容易接受得多。

美国职业棒球界的某选手曾夸耀他自己的跑步速度时说："我若告诉你我能跑得多快，您恐怕吓死哦！只要我打出全垒打时，观众还没听到球棒打到球的声音，我人可能已经到一垒了。"

这位棒球职业选手没有直接夸耀他的速度有多么快，而是对事实进行一个描述，让对方自己去判断，从而更具说服性。

在职场中，对我们的前途影响最大的就是领导。所以，在领导面前，我们可以想方设法说些俏皮话，推销一下自己，进而博得领导的会心一笑，拉近同领导之间的距离，得到领导的认可和欣赏。由此一来，我们在职场中自然会如鱼得水。

艳艳所在公司的工作业务量很大，几乎天天加班，但工资待遇却很低。为此，她多次向老板提出加薪，但都遭到老板回绝。

于是，艳艳决定换一种方式向老板提出申请。

这一天，艳艳来到老板办公室，反映说："简直没办法到公司上班了！"

老板奇怪地问："为什么？"

艳艳一脸苦相地回答说："坐公交车吧，挤不上去；打车吧，觉得车费太贵；自己买个汽车吧，每月连油钱都掏不出来。"

听了这话，老板给出意见："早起半小时走路上班，一分钱不花，还能锻炼身体，多好！"

艳艳摇摇头，说："不行，走路的话，鞋子肯定磨损得较快，每年得多买好几双鞋。而且，锻炼得多了，饭量相对也就大了。对我们而言，那也是一笔不小的开支啊！不过，我倒有一个主意，您可以发个布告，号召大家赤脚走路来上班，并提倡大家一起减肥。这样问题或许就解决了。"

听到这里，老板不好意思起来，只好同意为她加薪，同时，也提升了其他员工的待遇。

与领导一起幽默娱乐时，我们得先做好自己的本职工作，甚至做得十全十美才行。如果一个人做不好本职工作，为公司创造不出效益，那再幽默，恐怕也没有哪个领导会买账。毕竟，如今生意不好做，企业有盈利才能生存，任何理智的领导都不会去喜欢一个不能给企业创造利润的人。

7. 借幽默来暗示他人工作失误是大智慧

俗语说："人非圣贤，孰能无过！"即便是再优秀的人，也会有工作失误的时候。无论你身居何种职位，遇到这种情况之时，相信任何一个有责任心的人都不会选择视而不见，而会选择指出其失误之所在。问题的关键是该如何指出别人的工作失误呢？幽默就是最佳的答案！借用幽默来暗示他人的工作失误，这是一种大智慧。它需要选择适当的时机、适当的场合，并用幽默风趣的语言将其表达出来，如此才能让人心悦诚服地认识到自己的失误，而且又不会让对方觉得丢面子，甚至对你产生厌烦之感。

在与同事协作的过程中，有时我们需要肯定地坚持自己的观点，因为过分地忍耐对工作并没有任何益处，所以，仅仅知道息事宁人是不够的，在某些情况下适当地抱怨几句，对指出同事的失误对工作反而更有帮助。当然，如果能采用幽默的方式抱怨就更好了。

歌唱家夏诺·帕蒂拉举行独唱音乐会，乐队里钢琴伴奏却自顾自弹得很起劲，以至琴声不时盖住歌声。尽管帕蒂拉数次向他暗示，可他全然不予理会。

演唱会结束之后，帕蒂拉跟自己的合作伙伴——钢琴家亲切握手，并幽默地说："先生，今天我很荣幸，能参加您的钢琴独奏会。"

歌唱家用幽默的语言暗示了钢琴家工作的失误，而且还照顾了对方的面子，不失为一种巧妙而得体的解决问题的方法。

身为领导者，我们一定要懂得放手，要发挥一切力量去鼓励下属，帮助他们取得更大的成就。这样我们才能放心地把重大的责任托付给他们，减轻自己肩上的担子，以便有更多时间去发挥自己的创新精神，以期在事业上有所建树。

但是，下属在工作的过程中难免会有所疏漏，如果直接指出，可能会伤害到下属的情面，进而影响其工作的积极性和创造性。这时，我们不妨运用幽默的口才暗示下属，使对方能在愉悦的氛围中认识到自己的错误并加以改正。

王聪是一家礼仪公司的部门经理。因为公司的业务就是礼仪，所以王聪要求所有下属平时在办公室里也要遵守礼仪，按照标准来行事。尽管如此，有些下属还是会出差错。

有一次，一个刚刚招聘来的新人向王聪报到。他是个新潮的90后，戴着耳钉，烫着头发，还戴了顶时尚的棒球帽。按照礼仪标准，进入别人的房间时，肯定要先脱下自己的帽子，可这位新人似乎一点都不清楚这个礼节，大大咧咧地戴着帽子敲门进来了。

王聪见状，心里有点不快。他用言语暗示了几次，那个新人都没有领会。最后，王聪把自己平日里用来掩饰秃顶的帽子摘了下来。

新人见了，惊诧地看着他，问："您为什么突然摘帽子？"

这时，王聪笑着说："出于礼貌，还是摘下帽子为好。"

新人这才恍然大悟，摘下自己的帽子，虚心地在沙发上坐了下来。

身为领导者，说话应委婉、客气，给人留有余地。试想，如果下属一犯错，领导者就用愤怒的口气怒斥："怎么搞的？这么点小事都出错，你是怎么上的大学？"那么，势必会引起下属反感。这样的做法，不但不能纠正错误，还会让下属心生怨恨，进而影响工作的执行力。

在暗示他人工作失误的所有情形中，下属向领导者提示其工作中的失误是一件非常棘手的事情。如何巧妙地指出领导者的错误是每一位下属都应该学习的功课。

有一家公司，年底的销售额非常不理想。

在年底总结时，销售部经理大发脾气，对销售员们撂下狠话："就你们这种工作水平，怎么在市场上混？要是你们无法胜任这项工作，会有人替代你们的！"

随后，他又指着一名刚进入公司的退役足球队员，问道："如果一支足球队无法获胜，队员们全部都要被撤换掉。是不是？"

沉默片刻后，这位前足球队员回答道："主管，通常情况下，要是整支球队都有麻烦的话，我们一般要换个新教练。"

对于销售额不理想的事实，这位销售经理不仅不主动从自身找原因，还大声呵斥下属，这对下属们来说是非常不公平的。

因此，当销售经理想通过这位新来的员工证实他故意责难下属们的合理性时，这位员工顺势间接地用自己以前的经历打了个比方，巧妙地暗示出部门经理的不足，从而让其对自己的行为有所反思。

在工作中，幽默口才能形成一股力量，让我们去了解、影响并激励他人。因此，每一个职场人都应该努力去培养自己的幽默力，以幽默的口才与领导、下属、同事交往，这不仅是个人修养的体现，还能让我们给他人留下良好印象，对我们未来的发展有着极其重要的意义。

8. 说俏皮话是跟同事分享欢乐的最佳方式

欣赏别人，跟大家分享欢乐，这是实现沟通的一个重要途径。身在职场，如果懂得欣赏同事，跟同事分享欢乐，那我们就能让别人了解我们，并跟我们建立共同的志趣、共同的目标。而适当说点俏皮话，适当幽默点，可以让我们更具亲和力。

细心观察，我们会发现，许多在工作中取得卓越成就的人未必是工作狂，也不是因为他们拥有什么高于常人的智慧，而是因为他们比较有幽默感，他们会利用幽默释放压力，消除工作中的紧张和焦虑，使自己不受其害并保持良好的精神状态。如此，工作热情会更高涨，工作效率自然也会很高。

为了参加一场盛大的国际音乐会，排练厅内交响乐团正在紧张地排练。此时，他们正在排练斯特拉夫斯基的《春天的典礼》当中最后一章。这一章难度有点大，虽然全体人员都非常认真，但可能因为太紧张了，节奏总是掌握得不太好。

指挥家只好再次向大家讲述自己对音乐各部分的理解："节奏一定要到位，柔和优美的圆号就好像是奔跑的少女，而响亮的长号和小号就好像是追逐的野人。"

当指挥刚要举起指挥棒时，只听底下有人说："难道我们刚刚演奏的像少女掉进了野人谷吗？"

一句话，把大家全都逗笑了，排练的紧张与辛苦完全被一句调侃轻松地化解了。

面对职场上的各种压力，如果我们不想备受折磨，不想生活在压抑的工作环境中，我们不妨使用幽默进行自我调整，如说点俏皮话，讲一段幽默故事等，如此一来，我们的压力就会有所减轻，同事们也会因此而觉得轻松自在，从而营造出一个轻松愉悦的工作环境。

当然，有的时候，由于受到生活的种种压抑，我们免不了要发泄、要抱怨。这时，如果能够采用幽默的方式进行抱怨，那它就会明朗而有力，并且不至于破坏自己和他人的情绪。例如，我们经常能听到这样的抱怨。

有一次，在一个公共集会上，有三个年轻人谈论各自的老板：

第一个说："看来我在我们公司已经没有前途了，我的老板没有女儿。"

第二个说："我们老板人还算不错，他为职员做的事情可以用小指头数出来。"

第三个说："我们老板有些狡诈，但也很公平，因为他对所有人都那么狡诈。"

类似的抱怨不胜枚举，而大部分领导阶层也能接受下属向他发泄的抱怨。有的不仅能够接受，还会回报以玩笑。

有一位人事经理准备举行金婚纪念宴会。

他特意向老板请一天假。他说："我跟您不同，您结过三次婚，金婚纪念日自然比我多。"

老板说："就算真的这样，你最好也不要每隔 50 年就来烦我一次。"

有一个推销员一心想得到升迁。他去找老板说："我干得一点也不赖，这是有目共睹的。我真担心你的眼睛患了慢性黏膜炎。"

老板微笑着说："好吧！我考虑一下该让你去哪个部门当负责人。不过，在这之前十年里你还是得努力工作。"

这就是"俏皮话"的力量，它可以触及对方的痛处，但又不会让对方跳起来。如果对方真的因此跳起来，那只能说明他是一个心胸狭窄、不肯正视问题的人。同时，这种抱怨也可以调节好我们自己的心情，在借助幽默打消对方敌意的同时，它还可以打消我们对生活的敌意。我们要尽量消除对周围人或事的敌意，因为它是一种可以置人于死地的毒素，一旦放任，它就会毁掉我们的生活。

当同事取笑我们的时候，最能够平息风波的办法是随他一起取笑你自己。如果我们是一位领导者，就更要表现出开明豁达的领导者风度。当然，这种笑并非是以自己为中心，而是以关心他人为前提，以幽默的方式来邀请他人一起笑。

但是，在问题已经非常明显的情况下，我们可以用幽默的方式委婉地提出自己的意见，不能再坚持"多一事不如少一事"，否则，就显得太过于懦弱了。

有一个大学生，毕业后到一家图书公司学习写作。可是，由于他浮躁，实习半年多，依然没有学到什么。

一次，在与一位资深前辈聊天时，他问那位前辈："听说鱼骨里含有丰富的磷脂，而磷脂最能补脑，那么，要想成为一个出色的作家，就必须得吃很多的鱼吗？"

没等前辈回答，他又接着问："那么您是不是吃了很多鱼呢？吃的又是哪种鱼呢?"

　　前辈笑着回答说:"如此看来,你恐怕要吃下一条鲸鱼!"

　　即便是荒谬的话语,也能因其趣味性而增进个人工作的价值,并且有效驱逐挫折感,这就是幽默力。这位前辈就是一个善用幽默的智者。他用了一句俏皮话有力地回击了年轻人的无礼,也讽喻了年轻人投机取巧、不肯努力工作的浮躁心理。

　　当然,在与同事相处的过程中,我们要秉持轻松、坦诚的与人分享的态度。闲暇时,可以坐在一起随便聊聊,适当说些俏皮话,不仅愉悦了自己,也和同事一起分享了欢乐。

9. 幽默的人更容易成功

幽默的人更容易成功。这是因为在他们身上往往凝聚着成功者应有的优秀品质，例如，乐于分享快乐，坦率、诚实，乐观豁达等。因为，具备如此优秀品质的人，即使追求成功的路上障碍重重，也一定能够一一克服，最终到达成功巅峰。

大家都知道，我们要想在职场上获取成功，就要拿出"业绩"。毕竟只有业绩才是最能得到老板认同、同事承认的"真材实料"。但是，在实际工作中，很多人无论做多少努力，客户就是不签单，业绩平平、无功而返。究其原因，就是他们在工作中缺少幽默。

要想创造突出业绩，我们先要培养自己的幽默能力。只要我们变成了说话幽默的人，搞定客户，提升工作业绩就不再是什么难事。

在工作过程中，我们难免与别人发生意见分歧。当一时难以得到统一意见时，有经验的职场人士不会急于要求达成协议，而是往往会采取幽默妥协的策略，进而破解僵局，推进工作顺利进行。

某大学校长提议删减学生考试科目设置。其中，遗传学和环境学只保留一个。为此，主讲遗传学和环境学的两位教授展开了一场激烈的讨论，甚至到了剑拔弩张的地步。

环境学教授有些动怒，说："遗传学有什么了不起，浅显易懂得很。比如，大家都知道，如果一个孩子长得像自己的父亲，那就是遗传喽！"

遗传学教授见环境学教授如此激动，觉得自己的言辞不宜过于激烈，否则，最终两个科目都难保留。于是，他幽默地回答说："是啊，你说得很对。一个孩子长得像自己的父亲，那就是遗传。但是，如果一个孩子长得像他的邻居，那可就是环境学了。"

一句话逗得环境学教授大笑起来，就连校长也忍俊不禁。校长最终收回提议，并列保留了这两个科目。

当实质性的谈话因双方的争执而突然变得气氛紧张，甚至剑拔弩张时，双方面临的最急迫的问题不是继续争个鱼死网破，而是应该使谈话气氛缓和下来。遗传学教授就深谙此道，在与环境学教授越来越激烈的争辩中，他及时做出了妥协，利用幽默避免了气氛的激化，最终成功实现了目标。

事实上，在工作中，只要我们不把每一件事都看得过于严肃，还是可以轻而易举地拥有幽默感的。即使我们觉得自己的幽默感比较差些，也没有关系，幽默感也是可以通过锻炼、学习而得到提高的。当我们学会了幽默，那距离成功也就不远了。

第五章

幽 默 助 你 在 商 海 中 走 向 成 功

商场是没有硝烟的战场，胜利往往属于那些懂幽默的人。说服客户，达成交易，游刃有余地应付各种情况等，善于运用幽默，就一切变得很容易。

1. 跟客户合作，秀出你的幽默感

有一位销售新手向老推销员诉苦："我干不了这差事。我不管走到什么地方，都会受人侮辱。"

老推销员充满同情地说："那太糟了！我从没有过这种感觉。多年来我走遍很多城市进行推销，我拿出来的样品曾经被人丢到窗外，我自己也曾经被人拒之门外。但是，我想我还是比较幸运的，因为我从来没有被人侮辱过。"

通常情况下，客户对突然闯入的销售员都会采取冷漠的态度。这位老推销员以自己的亲身体验告诉刚入行的新手，作为一名推销员必须要有幽默态度，经得住冷眼、经得住拒绝，不然很难坚持下去，更不要说获得成功了。

根据相关调查表明：具有幽默感的人在推销商品时往往更容易成功。原因很简单，幽默可以在推销员和客户之间制造笑声，而客户在笑声中往往更容易接受商品。

如果你正和一个爱挑剔的客户打交道，那么，给你最好的建议就是运用幽默进行沟通。

在一个汽车展示会上，一对年轻夫妇对一款汽车的价格颇有微词。

太太抱怨道："这几乎跟一辆大卡车的价钱差不多了。"

销售员当即回应："女士，如果您喜欢大车的话，同样的价钱，我可以卖给您两台大型拖拉机。"

面对客户的挑剔和抱怨，销售员运用幽默技巧委婉地表明自己所推销的小型车是物有所值的，在令客户莞尔一笑的同时，更容易得到客户的认可。

在与客户合作的过程中，由于各种各样的原因，我们难免会与客户产生矛盾，如客户要求换货或退货、约会客户时迟到等，此时客户的情绪往往会很差，而且对我们充满了不满和抱怨。这时，我们如何应对呢？多数人可能会秉持"客户就是上帝"的原则，坚持以客户为本，首先向客户道歉，表示对客户的理解，之后向客户说明缘由，通常情况下都会将事故原因揽在自己身上，最后就是寻求解决之道。

这种处理方法的确可以减少一些不必要的麻烦，但是也未必总能奏效，因为不是所有的客户都会被这种诚意打动。更何况，盛怒的客户会听我们的劝解吗？难道就这样坐以待毙吗？

不用坐以待毙。此时，如果我们能用幽默的方式将客户的"锋芒"软化，再想办法解决，那么，问题解决起来就会容易得多，对方也不会因此而继续纠缠不休。

我们不妨看看下面这个餐厅服务员是如何做的。

小美是一家西餐厅的服务员。她是一个幽默风趣的姑娘，常常巧妙地化解了工作中的一些尴尬。

一天，几个客人正在悠闲地进餐，与朋友畅快地闲聊，一个挂在墙上的装饰物突然掉了下来。由于落地的声音很大，所有人都被吓了一跳。

客人们几乎同时回头，并愕然地望着餐厅的服务员。当时，还有人抱怨了几声。

这时，小美一脸惶恐，委屈地解释说："不是我干的！"

听到这话，客人们顿时哄堂大笑。抱怨的那个客人反而不好意思起来，连声说："没事啦，没事啦！"

面对客户的不满和抱怨时，我们可以采用幽默的方式道歉，同时解释原因，由此就能够在笑声中得到客户的谅解和合作。

可是，有时候，我们还是会遇到难缠的客户，他们或许是因为他们是"上帝"，或许因为占理，会尽力证明自己是对的，而我们是不合格的服务者，从而导致双方的沟通不畅、面谈不顺。此时，我们更要适时加入幽默的言谈举动，尽快消除对方的敌对心理，缓和僵局，使问题得以顺利解决。

有一位女士买了一条黑狐围巾。店员说这是用真皮做的，质量超好，永不褪色。但是，这位女客户不小心淋到了雨，发现这条围巾居然褪色，便火冒三丈地来皮货商店理论。

她一进门就大声吵嚷道："你们真够奸商的，我花这么大价钱买条围巾，不料一遇潮就褪色。是谁当初说这是真皮来着？你们这不是坑人吗？"

女客户这一吵嚷，顿时引来了很多人的目光。

为了不影响到其他客户，皮货店老板一边客气地赔着笑脸，一边招呼那位女客户到自己办公室。

来到办公室，老板拿过那条黑狐围巾仔细地看了看，随后根据自己的经验推断那的确是假货，连忙又开始道歉："真不好意思，我进货时没有把好关。"

一听这话，女客户的气焰更盛了："你不识货，你还卖什么货？真是奸商！我要投诉你。"

老板听了不气也不恼，笑着让这位女客户坐下。他接着说："女士，您今天要是不说这事，我还一直蒙在鼓里呢。难怪人家说狐狸是最狡猾的动物，还真是的。你看它都做成了围巾竟然还能变化害人。但是，无论它怎么变化，我也有办法治它。来，咱们好好谈谈，您要是想退货，我一定给您退货，要是不想退货，我再给您换一个真货！"

这位女客户被逗乐了，火气也小了很多："唉，你这是什么事嘛……"

这位机智的老板用几句幽默的话就软化了客户的怒气，让客户转怒为笑，这就为下一步解决问题奠定了良好的基础。

可见，我们要想游刃有余地应付各种情况，一定要培养自己的幽默感，学会运用幽默这个有力武器来为自己争取到客户的合作。

2. 跨越严肃之门，幽默促进推销

在生意场上，我们每天都要跟一些陌生人打交道，甚至要处理一些非常棘手的难题。但是，对于一个优秀的生意人而言，这并不难。因为他们懂得用幽默的钥匙开启自己与客户之间的严肃之门。

在运用幽默时，我们一定要讲究技巧性，面对不同的客户、不同的场景，要采用不同的幽默方式。当然，我们还首先要弄清楚自己所推销产品的用途，然后根据用途锁定客户对象。如果不是必需商品，大多数客户对推销的商品都会表现得毫无兴趣。

此时，推销员就需要开动脑筋，不要急于推销商品，可以巧设问题，逐步递进，让客户意识到商品的实用性，最终成功售出。

小刚是一位刚毕业的大学生，思想很活跃，且说话诙谐风趣，因此，他选择当了推销员。

有一次，大学生走进一家报馆问："你们需要一名有文采的编辑吗？"

前台人员回答："不需要。"

小刚接着问："记者呢？"

前台人员不耐烦地回答："也不需要。"

小刚继续追问："如果印刷厂有缺额也行。"

前台人员没好气地说："不，我们现在没有任何空缺。"

小刚笑了一下说："那我想你们一定需要这个东西。"

说完，小刚便从背包里取出一块精美的告示牌，上面写着几个大字："额满，暂不雇人。"

前台人员可能被小刚的智慧和幽默打动了，爽快地买下了这个告示牌。

小刚巧用幽默技巧，轻而易举地促成推销，实在令人拍手叫绝。

推销员在推销产品的过程中，面对毫无兴趣的客户，推销员一定要有耐心与毅力，可以讲述一些过去的成功推销的故事，吸引客户的注意力。当客户的注意力被吸引过来时，再详细向客户介绍商品的独特功能，当客户了解到商品的好处，自然会主动购买。

海耶斯是美国俄亥俄州的著名演说家，人们不知道的是，他曾经是一个初出茅庐、畏首畏尾的实习推销员。

一次，海耶斯跟随一位老推销员到某地推销收银机。这位老推销员相貌平平，身材矮小而肥胖，但是，他红彤彤的脸充满着幽默感。

当老推销员带着海耶斯刚刚走进一家小商店的门口，老板就粗声粗气地拒绝道："我对收银机没有兴趣。"这位老推销员并没有就此打住，而是走过去倚靠在柜台上，咯咯地笑了起来，好像他刚刚听到了一个世界上最奇妙的笑话。店老板直愣愣地瞧着他，搞不清这是什么状况。

过了一会儿，这位老推销员直起身子，微笑着表示歉意："对不起，我忍不住要笑。你让我想起了另一家商店的老板，他跟你一样地说没有兴趣，后来却成了我们熟识的客户。"

接下来，这位老练的推销员一本正经地展示他的样品，历数其优点，每当老板以比较缓和的语气表示不感兴趣时，他就笑哈哈地引出一段幽默的推销故事，诸如某某老板在表示不感兴趣之后，最终还是买了一台新的收银机。

商店里的人都瞧着他们，海耶斯在一旁又困窘又紧张，心想他们很可能会被当作傻瓜一样赶出去。可是说来也奇怪，老板的态度居然慢慢转变了，想问明白这种收银机是不是真有那么好。

于是，他们就把一台收银机搬进了商店，老推销员以行家的口吻向老板介绍了具体用法。就这样，一笔订单到手了。

面对客户的冷漠态度，一般的推销员都会知难而退。而这位老练的推销员却有自己的秘诀，运用幽默的技巧跨过了自己跟客户之间的严肃之门，最终取得了成功。

推销员与客户双方出现了相左的观点时，如果推销员想说服客户接受自己的观点，最好不要一上来就否定对方的观点，说客户的观点是错误的、荒谬的。推销员不妨借助幽默打开僵局，设法创造出一种轻松气氛，然后再将客户引导到你的观点上来。

一个年轻人辛辛苦苦编写了一本《儿童英语百科辞典》，但他没有足够出版的资金，而且很多人也不看好这本书。因为这里位置偏僻、经济落后，当地学习英语的人一直很少。但年轻人却不这样认为，他想越是落后的地方，越是需要提高教育水平，这种书的需求量就越大，于是他去求助于当地的一位富商。

来到富商家里，年轻人诚恳地说明了自己的来意。哪知富商面无表情地说道："你走错地方了，我投资是要看收益的，你这不行。"

年轻人并未放弃，连忙解释道："先生，如今日本越来越国际化了，使用英语的地方越来越多。您也有孩子吧？您肯定不希望他们一辈子待在家里，不出去见见世面吧？"

听到这儿，富商刚才冷冰冰的神情已经消失了，他若有所思地问："这英语好学吗？"

年轻人并没直接回答，而是反问道："我见您家里在养狗，您和家人是否怕狗？"

富商毫不犹豫地回答："那当然不怕。"

年轻人觉得有希望了，有些兴奋地回答："对呀，因为我们习惯了养狗，所以不怕狗。学英语也一样，如果从小养成一种习惯的话，就不觉得难了。学英语应该从小抓起，不知不觉中就会对英语产生兴趣，这正是我编写这本书的初衷。"

富商并没有下定决心，说道："我再考虑一下吧。"

年轻人依然没有放弃，说道："如果我们的孩子哪天到了欧洲一些国家，因为不会说英语而迷路了，您愿意吗？您总不会到时才想给他们邮寄一本英语词典吧？"

一番幽默的话过后，富商终于爽快地答应了年轻人的投资请求。

这位年轻人巧妙地打了一个幽默比喻，把学习英语和养狗联系在一起，使得现场气氛立即活跃起来，使那位怀有戒心的富商放松了下来，接下来的会谈自然也变得和谐顺畅起来。再后来，年轻人那一句幽默的反问，最终让富商心服口服，心甘情愿地给年轻人投资出书。

在推销中巧妙地加上幽默，丝丝入扣、娓娓道来，更能深入人心，让固执己见的客户笑纳意见，让剑拔弩张的对手握手言欢。你学会了吗？

3. 赞美式幽默，助你讨客户欢心

相信大家对《狐狸与乌鸦》的故事都耳熟能详。狐狸通过各种巧言赞美乌鸦，把乌鸦赞美得心花怒放，就在乌鸦开口一笑的那一刻，狐狸得到了自己想要的肉。在生意场上，我们不能像狐狸那样狡诈，但至少要学会像狐狸那样去赞美客户。

在生意场上，我们如果能让客户笑口常开，订单也会常来。做生意是为了赚钱，但我们喜欢钱，得先学习喜欢人才可以，因为钱就在人的口袋里。所以，掌握推销之道，我们一定要死心塌地喜欢客户、赞美客户，让客户经常开心地笑出来，他们才会心甘情愿地从口袋里掏出钱来。

看看那些百货商场的销售员，他们都是很会赞美人的，不管客人试穿什么样的衣服，他们都能编出一套绝佳的赞美词来赞美一番。于是，女士们一被赞美就心花怒放，都会笑着说："真的好看吗？好好好，包起来！"让客人笑笑，就会让销售员的荷包满满，这是销售学上的金科玉律。

在做生意过程中，有时会遭遇一些意外的突发事件而影响客户的购买欲，这时，我们就可以适时运用幽默，让客户笑着接受所推销的商品。

一位房产推销员正在对客户夸耀他的这栋住宅楼和这个居民区。他说："这片居民区特别干净，物业非常负责，小区里阳光明媚、空气清新，到处都是鲜花和绿草，疾病与死亡好像跟这里的居民无关。"

就在此时，远处走来一队送葬的人，他们哭声震天地从客户面前经过。这位推销员立刻对客户说："您看，这位可怜的人，他是这儿唯一的医生，没想到被活活'饿'死了。"

如果推销员对送葬队伍这件事没有一个合理的解释，恐怕客户很难将他先前的吹嘘当作一回事，还会对推销员的印象大打折扣，甚至对他介绍的房子产生怀疑。而推销员的随机小幽默恰好打破了自己所面临的尴尬，并使双方的交易能够比较稳定地进行。

有一位推销钢化玻璃酒杯的推销员。

有一天，他在很多客户面前进行示范表演。为了说明酒杯经久耐用，他把一只钢化酒杯丢到地上。出乎意料的是，这只酒杯居然"啪"的一声摔碎了。

当时，客户们都睁大了眼睛，搞不清楚状况了，开始怀疑产品的质量问题。这位推销员心里也"咯噔"了一下，但他马上恢复了平静，用沉着而诙谐的语气幽默地说："像这样的杯子，我是不可能卖给你们的。"

听了推销员的话之后，大家都轻松地笑了，以为第一次砸碎杯子是为了跟下面的表演进行对比，先吊一下大家的胃口。

紧接着，推销员乘机又扔了五六个杯子，都取得了成功。场内气氛立刻活跃起来。这位推销员也通过成功试验而赢取了客户的信任，顺利售出了几百个酒杯。

面对突如其来的状况，这位推销员随机应变，巧妙地来了个顺水推舟，让突发的情况成为推销的一个环节，从而制造出强烈的幽默效果，实现了推销的目的。

　　有时，在推销过程中，会因为各种误解而引起客户的尴尬。如何消除客人的尴尬成为下单成功的关键环节，而这时，就需要推销员运用幽默语言缓解尴尬。

　　有一位女客户带着她的新婚丈夫到服装店去买衣服。由于她的丈夫年龄较大，女店员误以为是她的父亲。于是，在介绍西装给这位客户时，说这套衣服很适合这位女客户的爸爸穿。女客户听了这话很尴尬，没有说话，脸红红地盯着这位女店员。

　　另一位女店员看见此情景，知道自己的伙伴说错话了，连忙拉开自己的伙伴，搭话说："女士，你看这位先生穿上这套衣服，很精神、很有品位，也很般配，与你就像总统配上总统夫人一样！"

　　这个女客户看见女店员这么一说，不但化怒为喜，还爽快地买下了那套西装。

　　由于第一位推销员粗心大意，把女客户的丈夫误认为是她的父亲，进而造成女客户的尴尬，幸亏有第二位推销员的幽默赞扬，不仅缓解了女客户的尴尬，还让她因心情愉悦而果断下单。

　　生活中的每一个人，都有较强的自尊心和荣誉感。我们对他们真诚的表扬与赞同，就是对他们价值的最好承认和重视。而我们在生意场中能真诚赞美客户，必能使客户的心灵需求得到满足，进而讨得客户欢心，使自己收获成功。

4. 唤起客户的好奇心

女儿："爸爸，我们话剧团的一个女演员爱上了一个淘粪工。"

爸爸："这是条好新闻，我马上去采访。"

女儿："你们记者就爱大惊小怪的，连姑娘爱上小伙子也值得采访？"

爸爸："目前，'门当户对'的旧思想还有很大市场，像这样敢于冲破旧的传统习惯势力的好姑娘，应该好好报道，表扬一下。"

女儿："爸爸，您真的赞成？"

爸爸："当然，多么高尚的姑娘，我一定要给她点个赞！"

女儿："这个女演员就是我，您要是真想采访就直接问我吧！"

女儿怕爸爸反对自己和一个淘粪工谈恋爱，便"卖"了一个"关子"，试探爸爸的反应，在得到爸爸的赞许下，最终一语道破和淘粪工谈恋爱的就是自己，即使当爸爸的有一百个不同意，也不好直接予以否定。可见，在与人交际的过程中，为了达成目的，我们可以采用巧卖关子的方法，唤起对方的好奇心。

在人类所有行为动机中，好奇心是最有力量的一种动机。对于推销员而言，要想唤起客户的好奇心，就要巧卖关子，尽量做到神秘莫测又幽默风趣，得心应手又不留痕迹。如此一来，通常都可以达成目标。

在生意场上，向客户推销商品时，我们也需要绞尽脑汁想出一个吸引客户眼球的开场白。因为，如果在开场之时就能唤起客户的好奇心，那通常意味着推销已经成功了一半。

在一次贸易博览会上，推销员对一个正在研究该公司产品说明的客户说："你需要买什么产品呢？"

客户说："这里没什么可买的。"

推销员说："对呀，其他客户也这样说过。"

当客户正为自己的明智感到得意时，推销员又微笑着说："不过，他们最后都改变了看法。"

客户对此感到很好奇，问："哦？为什么呢？"

于是，推销员开始进入正式推销阶段，公司的产品最终被这位客户所接受。

当客户没有明确表达自己的购买计划时，推销员也没有直接向他介绍自己公司产品的情况，而是巧妙地设置了一个悬念——"别人也说过没什么可买的，但最后他们都改变了看法"，从而引发了客户的好奇心，最终得以成功推销。

有时候，为了接触并吸引客户的注意力，推销员还可以尝试着用一些大胆的陈述或强烈的问句来开头。幽默地设置几个悬念，从而达成引"客户"入胜的目的。

美国有一位优秀的销售员乔·格兰德尔，绰号"花招先生"。

在拜访客户时，他首先会将一个三分钟的蛋形计时器放在桌上，然后对客户说："请您给我三分钟时间，三分钟一过，当最后一粒沙穿过玻璃瓶后，假如您不希望我继续讲下去，我就离开。"

在推销产品的过程中，乔·格兰德尔除了会使出蛋形计时器的花招，还会使出闹钟、20元面额的钞票等各式各样的花招，为自己争取足够时间让客户能静静地坐着听他讲话，并对他所推销的产品产生兴趣。

正是因为这样，他赢得了向客户推销产品的机会，最终搞定了一单又一单。

在推销过程中，经验丰富的推销员都能使用幽默的语言艺术创造一种轻松愉快的氛围。而当跟客户出现意见分歧时，幽默的语言又能转移或淡化矛盾，化解或缩小分歧。同时，在阐述意见和要求时，幽默的语言不仅能清楚地表明自己的观点，而且还不致引起对方的不良反应。

如果你是卖空调的，那就不要急着问客户"有没有兴趣买空调"，或问他们"是不是需要空调"，而要问："您想知道用什么样的方法可以让你们公司每个月节省开支吗？"这类问题往往更容易吸引客户的注意力，让客户对你和你的产品产生好奇心。

如果你是卖保险的，你可以问客户："您知道每年只需花几十块钱就能防止火灾、水灾和失窃吗？"虽然对方一时无以应对，但却表现出一副很想了解的样子。此时，推销员通常可以补上一句："您有兴趣了解我们公司的保险吗？我这里有二十多个险种供您选择。"如此一来，客户的了解欲望被勾起来了，双方便有了进一步协商的机会。

事实证明，交易能否成功，在很大程度上都取决于推销员对客户采取的诱导方式。通常来说，善于运用幽默诙谐语言"卖关子"的推销员往往更容易签单，因为没有几个人能抗拒好奇心的诱惑，更不要说购买欲强烈的客户了。

5. 跟客户幽默一下，能缓和紧张气氛

在与客户交往过程中，难免会发生一些矛盾或者误会，如果双方互不相让，就有可能大动干戈，好好的一笔生意就可能因此而谈崩，由此给自己和公司带来巨大的损失。这时，我们一定要保持清醒而冷静的头脑，巧用幽默化解紧张的气氛，进而奠定和谐融洽的合作氛围。

一家餐馆的卫生条件很不合格，客人在此用餐时，经常会发生不愉快的事情。

一天，一位附近小区的常客再次来到这家餐馆就餐。这位客户刚要动筷，就在汤碗里发现了一根头发，于是把服务员叫来，问："你们餐厅是不是换新厨师了？"

服务员很诧异："你怎么知道的？"

客人很自信地说道："当然知道啦，平日的汤里总有一根白头发，今天的碗里是根黑头发。"

服务员灵机一动，脱口而出："先生，您说的可能是以前的情况，我们店里聘请的厨师是一位秃子。"

这位和善的客人非常聪明地发挥了他的幽默，既向对方委婉地表达了自己对餐厅饭菜卫生的意见，又给对方留足了面子，但是，客人却误

会是厨师的头发，聪明的服务员为了"以礼还礼"，不伤害客人的面子，又巧用幽默成功地帮助他走出了尴尬。从而，他们在一片欢乐中避免了一场口舌干戈。

有一次，一位客人在一家有名的饭店点了一盘清蒸螃蟹。

但当菜上来后，客人发现盘中有一只螃蟹没有蟹腿。这位客人很不高兴，叫来服务员："怎么搞的？难道这只螃蟹先天残疾吗？真不知道它是怎么活到现在的？"

服务员抱歉地说："对不起，这只螃蟹不是先天残疾，是后天造成的！"

客户很疑惑地问："哦？怎么造成的？"

服务员笑着说："您是知道的，螃蟹是一种残忍的动物。这只螃蟹一定是在和它的同类打架时被咬断了腿。"

客户巧妙地回答："那就请你为我调换一下，把那只打胜的螃蟹给我。"

客户和服务员双方都用幽默的表达方式，委婉地指出双方存在的分歧，从而避免了冲突的发生。

在生意场上，有时候销售一方会陷于被动状态，原因可能是自己理亏，也可能是对方的咄咄逼人。不论原因是什么，我们要想在这时候扭转局面，非幽默解决不可。

一位女士怒气冲冲地闯进一家水果店，向水果店老板吆喝："为什么每次我儿子在你家买的水果都缺斤短两？"

水果店老板听到此话后并没有慌乱，仔细想了想，猜中了其中的原因，就十分有礼貌地回答说："女士，你为什么不在你那可爱的儿子回家时称一称他的体重，看他是否比买水果前重了？"

这位女士为之一愣，继而恍然大悟，怒气全消，心平气和地对水果店老板说："噢，对不起，误会了。"

聪明的水果店老板为客户提供出一个很好的解决办法。营业员认准了自己不会称错，便只剩下了一种可能，即馋嘴的小孩把水果偷吃了。如果水果店老板觉得自己没有理亏，就得理不让人，反唇相讥，"我不会搞错的，肯定是你儿子偷吃了"，或者"你不找自己儿子的麻烦，反倒问我称错没有，真是不可理喻"。这样对待客户，不但不会平息客户的怒气，同时，还可能引发一场更大的争论。这对做生意无疑是不利的。

在生意场上，很多时候，我们只需要适时地幽默一下，就能够达到起死回生的效果，使自己转败为胜。因此，与客户发生分歧时，我们不妨先跟客户幽默一下，缓解一下气氛。

6. 幽默谈判，太紧张了不好沟通

提到谈判，在多数人印象中，一定会想到一张张严肃的面孔，一双双冷酷的眼睛，谈判双方唇枪舌剑，气氛紧张得犹如箭在弦上、一触即发。事实并非如此，谈判虽然是一件庄重的事，双方都在为各自的利益和需要而战，但如果你总是一副严肃的面孔，没有一点轻松活泼劲儿，整个谈判过程就会陷入一种紧张激烈、沉重压抑的氛围中。在这种氛围下，就会造成谈判双方很难顺畅沟通，进而导致谈判被迫一推再推，以妥协或失败告终。

要想通过一场谈判达成目标，就要想方设法让对手接受自己的观点，为自己争取更多的利益。这时，就需要在谈判中使用幽默，往往能缓和谈判双方紧张、对立的情绪，缩短彼此的心理距离，还能于无形中营造出一种轻松和谐的气氛，更能建立一种彼此之间互相信赖的关系，从而赢得心中所期望的谈判效果。

1943 年，英国首相丘吉尔和法国总统戴高乐由于在叙利亚问题上存在意见分歧，两人产生了芥蒂。直接原因是戴高乐公开宣布逮捕布瓦松总督，而此人正是丘吉尔非常看重的人物。要解决这一件令双方都感到棘手的事，只有借助卓有实效的会晤了。

丘吉尔的法语讲得不是太好，而戴高乐的英语却讲得特别棒。关于这一点，是当时戴高乐的随行人员以及丘吉尔的大使达夫·库柏早就知晓的。

在谈判的当天，丘吉尔先用法语开场，说道："女士们先去逛市场，戴高乐、其他的先生跟我去花园聊天。"

然后，他用足以让人听清的英语对达夫·库柏说了几句话："我用法语对付得不错吧，是不是？既然戴高乐将军英语说得那么好，他理解我的法语也不会有问题的。"

话音未落，戴高乐及众人哄堂大笑。

丘吉尔的这番幽默消除了谈判双方参与人员的紧张情绪，从而营造出一个良好的会谈气氛，使谈判在和谐信任中进行下去。

在谈判开始后，礼貌问候对方，轻松地引入谈判的话题，讲究策略，有礼有节，求同存异，必要时运用一些幽默诙谐的语言，调节一下紧张沉闷的空气，放松一下绷得太紧的心弦，从而使谈判持续保持轻松愉快的气氛。这一点，在商务谈判中，也显得特别重要。

一天，有位作家到一家杂志社去领取稿费。

他的文章已经发表，按理说，稿费早就该结了，可是，杂志社却一拖再拖。

工作人员推脱说："真对不起，先生。支票已开好，但是经理还没有签字，您今天不能领稿费。"

作家有些不耐烦地说："早就该结的款，他为什么不签字呢？"

工作人员说："因为他脚跌伤了，躺在床上。"

作家笑着说："这样啊！我真希望他的腿早点好，因为我想看看他是用哪条腿签字的！"

这位作家幽默的话都说到这儿了，杂志社也不再好意思拖欠他的稿费。

工作人员告诉他过两天来领取，他们明天"赶到医院找经理签字"去。

并不是所有谈判都能如想象般顺利进行。有时，在谈判过程中，谈判双方很难做出让步和求和，进而使谈判陷入僵局。这时，我们必须灵活一些，在顾及双方利益的基础上，寻找新的突破点。其中，转换一下话题，是调节紧张气氛的有效手段，不仅能缓和矛盾，还能为谈判扫除障碍，铺平道路，从而达到"山重水复疑无路，柳暗花明又一村"的境地。

挪威的水产养殖业十分发达，苏联政府计划从他们那里购买一批鲱鱼，但精明的对手却开出了出奇的高价。双方的谈判进行了一轮又一轮，代表换了一个又一个，最终都没有成功。

于是，苏联方面派亚历山德拉·柯伦泰出面谈判。亚历山德拉·柯伦泰是苏联著名的作家和演说家，也是世界上第一个女大使。

在谈判中，挪威商人伸出手掌，态度坚决地说："五位数，就这个价！"

为了让对方会适当降价，亚历山德拉·柯伦泰佯装出一副准备走的样子，说："一位数，不然我到别处去买。"

挪威商人一口否决："即便是烂掉，我也不卖。"

双方就这样僵持不下，谈判再次陷入僵局。在挪威商人看来，他们并不在乎僵局，因为苏联人要吃鲱鱼就得找他们买，即使苏联人不买，他们也可以卖给别人。而亚历山德拉·柯伦泰则是拖不起也让不起，非成功不可。

这时，亚历山德拉·柯伦泰露出一脸愁容，略显尴尬地说："好吧，我同意你们提出的价格。只是，这样的高价我们政府肯定不批准。我只能先按两位数支付，剩下的差额我会用自己的工资支付。但我也没有足够的钱，只能分期付款。算一算，这真是一笔不小的债务，看样子我可能要还一辈子债啦！当我变成老太婆时，我的债主，你们也变成一群老头了！"

听了亚历山德拉·柯伦泰这番话，挪威商人们忍不住一笑，之后一致同意将鲱鱼的价格降到苏联政府认可的价格。

亚历山德拉·柯伦泰之所以在谈判中获取成功，是因为她善于缓解谈判期间这种剑拔弩张的僵持局面，通过博得对方轻松一笑而让对方心甘情愿做出让步。

在紧张凝固的空气里来一点小幽默，就如同在雪地上撒盐，瞬间即化为柔软的水。当我们能够利用幽默的智慧，让对手在不知不觉中动情变色时，我们就成功了！在商业谈判时，我们千万不要忘了幽默。

7. 决战商场，你把握好幽默尺度必不可少

商场就像战场，在强手林立、竞争激烈的生意场上，如何赢得客户，使生意越做越大，这里面很有文章。发挥机智、巧用幽默是很多推销员的秘密武器，它能帮推销员赢得客户的信服，使经商之道马到功成、生意兴隆。但是，在运用幽默的时候，你一定要把握好尺度，否则，运用不当或过犹不及，都会影响你在商场上的成败。

在商场上运用幽默时，我们首先要考虑幽默的适用场合。因为在某些特定的场合是不适合幽默的，如严肃的会议上，庄重的活动中等。这时候，如果你完全不考虑场合，讲些自以为是的幽默话，与现场的气氛不搭调，那旁人只会对你的言行不屑一顾，甚至还会对你产生反感。相反，如果我们留心观察，在适宜的场合开一个适合的玩笑，不仅能愉悦对方，还能加大你在对方心中的印象分。

在商店的橱窗前，有一位秃顶的先生漫无目的地闲逛。

有个店员向他打招呼，对他说："先生，买顶帽子吧，好保护您的头发。"

那位客户说："真是笑话！我这几根头发不用数都清楚，保护个啥？"

店员说："可戴上帽子，别人就没有机会数您的头发了。"

那位客户笑了，想想这话确实在理，就买了一顶。

客户之所以会产生从不买到买的转变，就是因为店员掌握了客户心理、巧用幽默语言。可见，在经商过程中，如果我们能将幽默用于对的人，那么，就能促使客户果断下单。

真正好的幽默是真情实感的自然流露，是严肃和趣味间的平衡。当我们运用幽默的时机、地点乃至言辞不当时，都可能伤害别人的自尊与情感。当然，只要我们慎用言辞，顾及别人的自尊和情感，巧妙使用幽默语言，把握幽默的尺度，即使遇到难堪场面或者遭遇客户刁难等外界的障碍，也能使紧张氛围松弛下来。

小华是一个外企公司的总经理助理。她得应付访客、电话、同事和老板，常常弄得她疲惫不堪。

一天，有个人在电话中对她说："我要和你的老板说话。"

"我可以告诉他是谁来的电话吗？"小华问。

"快给我接你的老板。"来电话的人坚持说，"我现在马上要和他说话。"

"很抱歉。"小华温婉地说，"他花钱雇我来接电话，似乎在花冤枉钱，因为十个电话中有九个是找他的。"

来电话的那个人忍不住笑了，然后，把自己的名字和电话号码告诉了她。

在对方坚持不退的僵持状态下，小华巧用幽默，妥善地帮自己缓解了工作压力，也巧妙地化解了矛盾，传递了信息。更重要的是，小华在使用幽默时，把握了幽默的尺度——说老板花钱雇她接电话"似乎在花冤枉钱"，既告诉了对方自己的职责所在，又给足了对方面子，同时不损害公司的形象。如果小华此时幽默不注意尺度，随口说"他花钱雇我来接电话，傻子，因为十个电话中有九个是找他的"，也能化解矛盾，但那就无意中损害了老板以及自身的形象了。

幽默是一种智慧的语言。幽默的目的是缓和气氛，让彼此觉得轻松，在生意场上，是非常必要的。但我们使用幽默时，需要把握尺度，不能为了幽默而幽默，导致气氛活跃的目的达到了，而自身形象或者单位形象降低了。

孟子曾经说："爱人者，人恒爱之；敬人者，人恒敬之。"幽默的过程就是一个感情交流传递的过程，如果借幽默来达到对别人冷嘲热讽、发泄内心厌恶和不满情绪的目的，那么这种玩笑就不能叫作幽默。尤其在对手如林、竞争激烈的商场上，我们在运用幽默时，一定要细心观察、谨言慎行，否则，稍不留神，我们就会被踢出局。

第六章

懂 幽 默 的 人 有 浪 漫 的 爱 情

　　幽默是含蓄而令人轻松愉悦的。充满幽默的爱情是多姿多彩的。因为，懂幽默的人容易追到心仪的对象，善于给爱情创造浪漫情调，能巧妙化解爱情中的危机，能坦然面对失恋，其爱情是多姿多彩充满浪漫的。

1. 用幽默搭讪去接近意中人

佛说："前世的五百次回眸才能换来今生的一次擦肩而过。"所以，在茫茫人海中，当我们有幸遇到自己的"梦中情人"，我们应该牢牢把握并珍惜这难得的相遇机会。可是，如何才能顺利地接近意中人而又不使对方心生反感呢？答案很简单，那就是幽默。

那么，怎样才能利用幽默，做到正确地接近异性呢？

首先，要有勇气。在现实生活中，很多人不敢轻易上前搭讪意中人，主要就是怕遭到对方拒绝后尴尬。事实上，在每个人的心中，都会渴望被众多异性追求的骄傲和自豪。当我们遇到心仪的对象，以一颗幽默的平常心走过去，勇敢地跟意中人攀谈，就有可能赢得对方的芳心，即使被拒绝，至少不会徒留遗憾。

一位十分漂亮的姑娘在逛街。她的美丽深深地吸引了一个年轻小伙子。于是，姑娘走到哪儿，小伙子就随后跟到哪儿。

姑娘发现后，停住脚，问他："你总是跟着我干吗？"

小伙子羞涩地答道："你太迷人了。我忍不住想跟着你。"

姑娘笑着问："我有什么可吸引你的？"

小伙子说："你就像一朵盛开的鲜花！"

姑娘不客气地说："瞧你这个丑样，像个甲壳虫，我可不喜欢你！"

小伙子平静而幽默地说："不，你说错了！我像只蜜蜂！"

姑娘的脸上露出了羞涩的笑容，不再反感小伙子跟着她了。

小伙子在搭讪时，虽然受到姑娘的嘲讽，但是，他并没有气馁，而是幽默地逗姑娘一笑。这样一来，他在姑娘心中的印象也有所提升——不再反感他跟着自己了。可见，我们在与异性接触时，如果能使自己的语言幽默风趣，就更容易博得对方的好感。

其次，要注意接近异性的方式。尽量让自己表现得幽默健谈或聪明善良，或乐观大度，或稳重干练，因为这样才可能更加受异性欢迎。

在与异性交往过程中，要运用自己的幽默动作或语言去吸引别人的注意，从而达到对方对自己产生好感的效果，进而才会有更多的交流机会。

1920 年，在巴黎的一次舞会上，上尉戴高乐正无聊地端着红酒杯打发时间。突然，他在舞会的角落发现了一位安静而且异常美丽的姑娘。她托着腮凝视窗外，如同置身于自己编织的梦境中。

戴高乐坐不住了，他不断地向那个角落扫视，并思索着该如何搭讪才不让对方觉得唐突。

过了一会儿，戴高乐端起桌上的红酒，向那位小姐走去。快到跟前时，那位小姐突然转过头，嫣然一笑。戴高乐有些窘迫地说："我非常高兴有幸认识你，小姐，这使我非常荣幸……"

姑娘不动声色地说："是吗？上尉。"

戴高乐本来在心中酝酿了好多遍的开场白，顿时变得结巴起来："这对我来说，是一种荣幸，一种莫名其妙的荣幸……"

姑娘"扑哧"一声笑了，没有拒绝他的邀请。

于是，他们一边跳着舞，一边互相倾诉，等跳完第六支舞曲时，戴高乐上尉已经跟这位名叫汪杜洛的姑娘山盟海誓，并定下了终身。

事后，汪杜洛小姐告诉戴高乐，正是他那句"是一种莫名其妙的荣幸……"的赞美非常真诚，还带有一丝淡淡的幽默气息，一下子就打动了她的芳心。

最后，要把握接近异性的尺度。男女之间总是充满着神秘感，同时也充满了诱惑，面对这种诱惑，很容易让人产生误解，如果要接近异性，我们就应当摆正自己的心态，大方得体地去面对异性。

幽默是一种含蓄的交往方式，人们往往乐于用幽默表达对爱人的情感，使对方在欢笑中体会到自己如此用心良苦的爱恋。在与异性搭讪时，只要我们注意运用合适的交往方式，把握好与异性交往的尺度和时机，诚恳待人，热情幽默，自尊自重，便能以自身良好的修养和人品赢得异性的尊重和爱情。因此，想有浪漫的爱情，想接近喜欢的异性，我们不妨先学点幽默，学点跟任何人都聊得来的本事。

2. 说好第一句话，获取一颗芳心

在整个恋爱期间，初识阶段是最为尴尬的，也是最关键的一步，因为它决定了爱情是否能开始。在追求心中仰慕的异性时，要想爱情能够产生，就需要在初识阶段赢得对方的芳心，就一定要说好第一句话。

如何说好第一句话？这不是一道既定的程序，也没有现成的话语可套。但是，我们用幽默的沟通方式表露自己的爱慕之情，可以说好第一句话。在通常情况下，这种幽默的表白方式，往往都会令对方忍俊不禁，进而在轻松和愉悦之中欣然接受你的爱。即使遭到对方拒绝，也不会给自己的自尊心造成严重伤害，并且能不失体面地撤退，也不会给对方造成压力和难堪。

在很多男孩看来，在与意中人接触时的第一句话往往成为一个很大的难题。即使是平日善于言辞的小伙子，也常为此而殚精竭虑、夜不能寐。这时，我们不妨巧妙地借用一下幽默。

有一位数学系男孩看上了一位漂亮的中文系女孩，却不知道她的名字，也一直苦于没有机会与她说话。

这一天，机会终于来了。男孩看见那位女孩独自一人走进一家牛肉面馆。他毫不迟疑地跟着进去了。

男孩略显紧张地对女孩说："我经常在校园见你，请问你叫什么啊？"

那女孩很惊讶地抬头看了他一眼，随口说："牛肉面！"

显然，女孩不想报上名字，不想跟陌生男孩说话，回答他的话也答非所问，顾左右而言他。

此时，男孩趁机幽默地说："牛肉面，你好，我叫意大利面。希望我们能成为朋友，面面相处（觑）！"

见男孩如此幽默，还故意将成语念错，女孩冷漠的脸上立刻露出灿烂的笑容。男孩趁机跟女孩聊了起来。

后来，"牛肉面"女孩果然成为"意大利面"男孩的女朋友。

巧借幽默来搭讪，往往可以成为爱情天平上的砝码。这就是幽默的奇异效果。

面对陌生的动心异性，我们表达爱慕之意时，需要利用幽默。事实上，面对相处已久的动心异性，我们表达爱慕之意时更需要利用幽默。因为，美好的爱情可遇不可求，一旦双方都有好感，关系发展到一定的程度，我们必须抓住机会，幽默地表达内心深深的爱恋，使对方意识到自己的感情，使双方的关系得以升华。否则，美好的爱情就可能会因为不开口而成为暗恋，错失成就一段姻缘的机会。

伟人马克思与燕妮在未明确关系前，早已相识很久，但一直没有表白心迹。

有一天黄昏，他俩再次相约来到摩泽河畔的草坪上。这一次，马克思决心要向燕妮正式求爱。

马克思说："燕妮，我想告诉你，我爱上了一个人，准备向她求婚，但是不知她是否同意？"

燕妮很激动地说："是吗？那是谁？"

马克思说："我这里有一张她的画像，你想看看吗？"

燕妮点点头。于是，马克思拿出一只精制的小木匣递过去。

燕妮接过来，双手颤抖地打开小木匣，可是，里面并没有画像，只有一面镜子，镜子里正好映出燕妮羞红的脸庞。

马克思和燕妮之间的朦胧面纱就这样被巧妙地揭开了。燕妮也幸福而自然地接受了马克思的求爱。

可见，在微妙的爱情里，一个细微的行动往往决定了爱情的成败。如果我们有技巧地掌握和运用这些细微的行动，懂得运用幽默的方式去表达内心，那么就将所向无敌，胜券在握。

除了这种两情相悦的熟人间表达爱情之外，幽默还可以让我们在追求心仪对象中于众多竞争对手中脱颖而出，出奇制胜。因为在我们追求心仪的另一半的过程中，很可能会遇到很多优秀对手争抢"公主"或者"王子"的局面。此时，我们稍有不慎，就会丧失追到心仪对象的机会，从而让自己悔恨终身。

冯玉祥当年在众多美女中选择妻子时，风格很独特。他给众多想嫁给他的美女提出了一个这样的问题："你为什么要同我结婚？"

对于这个问题，有的美女回答说："因为你官大，我和你结婚就是为了做官太太。"

有的姑娘回答说："因为你是个英雄，我爱慕英雄。"

王德全也来应征。在众多前来应征的美女中，王德全在长相上并不占优势，但是，她最终赢得了冯玉祥的爱情。

原来，她在回答那个问题时，很幽默地对冯玉祥说："上帝怕你办坏事，派我来监督你！"

王德全这句话机智幽默，且有豪爽之气，深得冯玉祥欢心。所以，冯玉祥就认定了她做自己妻子。

想利用幽默打开对方心扉，首先需要的就是勇气，我们不能被对方的傲气吓得手足无措，要尽量保持一颗平常的心，走近对方，与其搭话，然后，尽可能地利用一切可见的情景、可捕捉到的任何线索幽默地开个玩笑。只要能博得对方一笑，那么，下一步就容易得多了。

当然，我们也要注意幽默的分寸，不要把幽默单纯地当成了一种达到目的的手段，或因言语不得体，使对方产生误解，甚至厌恶反感。

真正的爱情，不是苦苦追寻，不是强扭硬缠，而是心与心的交流，是情与情的互换。有的人能让对方"一见钟情"，从而收获美满的婚姻；而有的人在经历了"马拉松式"的求爱过程后，仍然一无所获。这种区别的很大原因就在于赢得知音、赢得爱情需要一颗真诚的心，一种诚挚的情，更需要机智与幽默的表达。制造好感是求爱的准备工作，懂得运用幽默的人往往更能打动对方的心。当然，这只是第一步，在恋爱中，我们依然需要运用幽默，爱情需要幽默来滋润和调剂。

3. 幽默是爱情的催化剂

要想赢得真爱，往往需要一颗真诚的心，一种诚挚的情，更需要机智与幽默的表达，从而制造出一种活泼宽松的交际氛围。正如日本幽默家秋田实所说的："幽默是爱情的催化剂，因为幽默的言谈最易激发爱的温柔，借助幽默，我们能让自己所爱的人感受到无比的幸福和快乐，顺利取得求爱的成功。"

懂幽默的人都知道，如果将一种语体的表达改变为另一种完全不同风格的语体来表达，通常具有让人忍俊不禁的效果。幽默情人为了使心仪之人在轻松愉悦之中欣然接受，也会借助这样一种方式来向对方求爱。

现实生活中有这样的例子：

一位男孩去银行办理业务。无意间，他看上了银行的一位出纳员。那是一个年轻漂亮、工作认真的女孩，然而，他却一直苦恼如何向对方告白。

这位男孩想到了一个好办法，他几乎每天都要到银行，只在女孩所在的窗口办业务，不是存钱就是取钱。渐渐地，当两个人熟悉起来之后，男孩把一张纸条连同银行存折一起交给了女孩。

男孩在那张纸条上写着："我喜欢你很久了，你愿意和我在一起吗？

这段时间里，我一直储蓄着这个想法，期望能得到利息，得到你一点点的爱。这周六晚上，你能把自己存在电影院里我旁边的那个座位上吗？如果你没有时间，我把它安排在星期日。不论提现率如何，陪伴你始终是十分愉快的。"

直到这时，女孩才明白，男孩每天来银行竟然是为了自己。女孩的内心顿时洋溢着一股莫名的感动与幸福，她再也无法抵制这诱人、新颖的求爱方式。

于是，女孩欢悦地答道："我们可以试试呀！"

再后来，男孩真的娶了女孩，他把他终生的爱都储蓄在女孩那里。

枯燥的银行业务被这个男孩作为求爱的工具，幽默风趣，含蓄委婉，又耐人寻味。与如此浪漫机智的男孩在一起，女孩的幸福可想而知。在表白的过程中，幽默往往能巧妙表达自己的爱意，并以最快的速度抵达人心，去打动对方的心，使人在欢笑中体会到深深的爱，这就是幽默的奇异效果。

在恋爱初期，多数人总习惯用一些预先设计好的语言，或者一些不咸不淡的问候来展开交流，这样的方式往往显得刻板，也难以给对方留下美好而深刻的印象。如果你想以最快的方式展示自己的魅力，最好先训练一下幽默的才能，从而使爱情迅速升温。

一天，一对刚刚确立关系的恋人在公园里聊天。

男孩对女孩说："我许多朋友都说你很漂亮。"

女孩微微一笑："真的吗？"

男孩又说："可他们又说其实你并不漂亮。"

女孩收敛起了笑容，略微不解地问："哦？"

男孩接着说道："他们说你不是漂亮，而是迷人。"

女孩略带害羞地说："我有那么好吗？"

男孩故作遗憾地说："好是好，不过，你只能迷住那些没有经验的男孩。"

女孩问："为什么？"

男孩答道："因为他们跟你一样年轻、纯洁，一样朝气蓬勃、活泼可爱啊！"

女孩高兴地大笑起来，然后轻轻地依偎在男孩的肩上。

幽默的语言形式，不仅能够将自己的心意巧妙地传达给对方，还能在传达爱情的同时展示出自己的智慧，让自己变成一个在对方眼中充满魅力的人，从而在瞬间俘获爱人的芳心。

在追求爱情时，不要担心自己相貌不够英俊，气质不够高雅，等等。其实，只要我们掌握幽默的技巧，就能淡化一切的缺点和不足，让自己一步步地变得魅力十足。

4. 幽默表白，恋爱必杀技

在实际生活中，很多年轻小伙子相貌堂堂，举止文雅，也很有能力，又不乏"男子汉"的风度，却每每情场失意。究其原因，关键就在于他们不善幽默，使其缺乏个人的魅力。他们或者寡言少语，或者饶舌不停，然而，没有一句话是机智幽默的。这就会使姑娘们感到索然无味，话不投机。

相反，富有幽默感的人在谈情说爱时往往更容易成功，因为他们在与心仪对象约会时，往往善于运用幽默语言进行表白，从而使感情火速增长，顺利步入爱情的殿堂。

通常情况下，感情是需要慢慢培养起来的，当感情发展不可抑制时，就要巧妙地运用幽默技巧向对方表白。需要注意的是，表白时不能操之过急，也不要过于慷慨激昂。

法国人是最懂浪漫的，他们的内心如火般狂热，而在表达方式上却很含蓄委婉，也正是因为如此，使得他们极具个人魅力，成为情场上的佼佼者。

下面，我们来领略一下法国人浪漫的表白方式：

在法国，有一个小伙子爱上了一位姑娘。

一天，他又来到姑娘家，两人在火炉边烤火。

小伙子说道："你的火炉跟我妈的火炉一模一样。"

姑娘一边将烘烤好的面包递给小伙子，一边漫不经心地应道："是吗？"

接着，小伙子幽默地问："如果是在我家的炉子上，你也能烘烤出同样的面包吗？"

姑娘愣了一下，随即悟出了问话所含的意义，羞涩地答道："我想，我可以去试试呀！"

一个普通的火炉、一个面包都能被这个法国青年作为表白的工具，幽默风趣，含蓄委婉。与如此浪漫机智的男子生活在一起，姑娘一定会每天都能感到幸福快乐。

收获成功的爱情，主要就取决于我们表白时的说话技巧，而这种技巧性主要体现在幽默程度上。在表白中适当注入幽默，不仅能调剂心情，还能愉悦关系。否则，我们就是许诺再多，往往也无法得到对方的青睐。

向对方表白爱情，不一定非要在一些正式的约会场合。在实际生活中，只要我们细心观察，随时随地都可以向对方表白。例如，女友带你回家，见到了她的父母，她也许会问："你喜欢我爸妈吗？"你如果千篇一律地回答："喜欢，他们两位老人都很慈祥。"就会显得索然无味了。如果你换一种方式，幽默地说："这就要看他们是否同意我早点娶你了。"这句话不但别具趣味，而且不失时机地表达了对女友的爱，女友肯定爱从心来。

向心仪对象表达爱意是一门艺术。而用幽默的语言不失时机地向心仪对象表达爱慕之情，是赢得对方好感的最佳方法。为了表白获得满意的结果，为了表白不至于尴尬，我们在表白前不妨学点幽默，提升一下自己的幽默水平，让自己在关键时刻说话能变得幽默风趣起来。

5. 婉言回绝，给对方留足情面

对于一个人而言，不仅有选择爱的权利，还有拒绝爱的权利。当有人向我们表白，希望跟我们恋爱，而我们并不喜欢对方时，我们就应该果断予以拒绝，不能拖泥带水。但是，拒绝对方的言辞要委婉恰当一些，如果我们的言辞过激，不仅会伤害对方的自尊，还可能使其因爱生恨；如果我们的言辞过于隐晦，又可能让对方抱有幻想，继续跟你做无谓的纠缠。因此，恰当地把握拒绝分寸是非常重要的。

接受一个人的爱往往是一件很容易的事情，而拒绝示爱的确是一件很困难的事情，尤其是面对那些狂热的追求者。为了不伤害对方的自尊，使其陷入难堪之中，我们不仅要用简单的语言把意思表达清楚，还要尽量给对方留一些余地，如果可以的话，我们尽量要运用一些幽默的言辞，使得对方能不再追求同时展露笑颜。

法国一位科学家成名后，受到不少女青年的爱慕。也有一些不拘小节的姑娘采取不适当的求爱方式。

有一天，有一位姑娘只穿着短裤、内衣走进了他的实验室，对他说："亲爱的，你觉得我的身材美吗？诱人吗？"

科学家平静地说："是的，太美了，美得同维纳斯一样，可我总不能玷污圣洁的维纳斯吧!"

那个姑娘无可奈何地一笑,转身走了。

幽默者在拒绝求爱时,如果能使遭到被拒绝者发出"无可奈何"的一笑,这应该是最佳效果了。求爱者既明白了对方的坚决态度,主动放弃继续追求,同时,这一笑也多少化解了其痛苦和尴尬,使双方的关系不至于太僵。

得到别人的倾慕是我们的魅力,有能力巧妙地拒绝示爱则是我们的另一种魅力。所以,拒绝求爱的言辞一定要格外谨慎,最好不要让对方产生被看不起的想法,应该尽量机智幽默地表明心意。

古罗马帝国女数学家希帕蒂娅长得特别漂亮。时常有英俊少年、贵族子弟跑来向她示爱,对她展开强烈的爱情攻势。

望着桌前堆成小山状的求爱信,希帕蒂娅非常头疼。因为她对爱情抱着慎重和严肃的态度,不会轻易接受别人的求爱。

于是,希帕蒂娅拒绝了所有求爱者。她的拒绝理由也只有一个:"原谅我不能接受你,因为我已经献身真理了。"

对于不合心意的求爱者,我们应该像希帕蒂娅一样,坚决地推辞掉。但是,推辞的语言要恰当,要委婉幽默,既要将自己的意思表达清楚,让对方没有心存幻想的余地,又不能让对方觉得你不近人情。这些借口不会损害对方的自尊心,不仅能保全他人的面子,还可以表明自己的心迹,堪称美妙得体、委婉含蓄。

如果我们不喜欢对方,又感受到了对方的心意,那么,在对方正式对自己表白之前,最好想办法提前表明心意,这样我们就可以避免暧昧,也不会让对方误解。如此一来,对方会主动放弃对我们的追求,双方也不会因此陷入尴尬局面。

小张是一位护士，长得漂亮又机灵。医院里有一位年轻的皮肤科医生小王一直很喜欢她。

有一天下班时，小王对小张说："小张，一起去吃饭好吗？我有一件非常重要的事想跟你说。"

小张马上就明白了"重要"的含义，于是笑着说："好啊！我也刚好有事情要请你帮忙呢！"

小王一听，高兴极了，满脸笑容地说："行，只要是帮你的忙，我绝对两肋插刀。"

小张笑了："没那么严重，不过是我男朋友脸上长了几颗青春痘，我想问你，怎么治疗效果更好一些。"

小王一听，顿时明白了小张是在拒绝他，只好顺势说了几个治疗青春痘的方法，不再提他原来要表白的事了。

采用类似幽默含蓄的拒绝方法，一般情况下都很有效，能够使对方不损颜面地知难而退，也能避免天天见面的尴尬。

如果对方是私下示爱，无论我们如何讨厌对方，都要很有礼貌地先表达谢意，然后再婉转地拒绝对方。就算对方紧追不舍，我们也要时刻注意自己的态度，言辞必须真诚、友善、婉转，让对方在笑声中了解你的真实心意，感受到你传递的温暖信息。当然，为使对方容易接受，可以使用幽默，但千万要避免不礼貌的挖苦和辱骂。

有一位钢琴师向同乐团的一位姑娘求爱。他的情书内容如下："你的皮肤像白色琴键那么白净，你的头发像黑键那么黑亮。在我眼里，你是世界上最美的一架钢琴。"

在回信中，那位姑娘写道："可是，我是拉小提琴的，而从你身材看来，很像大贝司（低音提琴，样式笨大），我担心咱们两个琴瑟不谐呀！"

　　姑娘针对钢琴师职业感十足的求爱信，采用同样充满职业特性的回信予以拒绝。由琴瑟和谐到琴瑟不谐，拒绝的语言也透露出姑娘高雅的气质。

　　在爱情角力之中，被拒绝的一方免不了会有受伤的感觉。如果拒绝的一方能够主动安慰一下，那便再好不过了。在拒绝一名男孩的求爱后，漂亮的女孩安慰他说："不过，你不必过于伤心，我会永远欣赏你的好眼光。"以一种赞许的姿态来回应别人的爱慕，不仅是一种有良好教养的表现，也是一种十分得体的处世方法。

　　还需要注意一点，拒绝他人求爱后，我们要注意帮对方保密，特别是同学、同事之间，以免让对方陷入尴尬，不好做人。当年，著名数学家陈景润拒绝了众多爱慕者的求爱后，便将她们的求爱情书一一烧毁，他说："这些姑娘以后还要恋爱、结婚，我一定为她们保密，扩散出去会对她们有影响。"

　　在恋爱中，我们做到幽默地拒绝别人，这既可以彰显自己的人格魅力，也不至于伤了求爱者的自尊。因此，我们恋爱时，遇到自己不中意的爱慕者，不能拖泥带水，也不能伤人面子时，就毫不犹豫地选择幽默地拒绝吧！

6. 幽默情话，帮助爱情保鲜

　　恋爱，能够使人的生命焕发出甜美的光芒，而恋人的笑则是恋爱中甜蜜的芬芳。而要想让恋人如沐春风，不仅仅是需要玫瑰花，还有你幽默睿智的情话。

　　处于热恋中的情人，彼此之间时不时地说点幽默情话，不仅能加深彼此的感情，还能为爱情保鲜。从而营造出轻松愉快、富于情趣的爱情生活。

　　最近一段时间，女友发现男友做什么事情都心不在焉，忍不住想关心一下他。

　　女友说："亲爱的，你最近做事怎么总是心不在焉的，心跑哪里去了啊？"

　　男友说："你问我心跑哪里去了？你还真是健忘，你忘了上回我们约会的时候，你已经叫我把心交给你了吗？"

　　男孩话锋一转，便转到了另一个话题，不仅表达了对爱人的那份在乎，让对方觉得自己的重要，同时也巧妙地回答了她的问题。

　　恋爱中的男女，只要我们挑动神经中的幽默这根弦，即可与恋人奏出一曲和谐的恋曲。如果我们足够幽默，足够风趣，我们就能让恋人陶醉在爱河之中，一起分享甜蜜的恋爱。

男孩和女孩在餐厅约会时，男孩一直盯着女孩看。

女孩有些不好意思地说："你在看什么呢？老盯着我。"

男孩很坦诚地说："你啊！"

女孩笑着说："每次聚会你都这样盯着我看，有什么好看的。"

男孩笑着反问："你知道为什么吗？"

女孩一头雾水："不知道，为什么啊？"

男孩很认真地对她说："因为我的眼里只有你！"

试想，这样的甜言蜜语，怎能不让女孩子更加动心？怎么不让他们之间的感情火速升温。

恋人在相处的过程中，有时出于对对方的在乎，难免会问对方一些关于前任交往对象的事情。这时，如果你如实回答，会让对方心生醋意，影响交往气氛；如果说谎敷衍，又会让对方觉得你不够真诚。所以，不妨巧借幽默，既回避了正面回答，也愉悦了交往的氛围。

一对恋人进入了热恋阶段。

他们在公园里如醉如痴地亲热后，女孩问男孩："我问你，别瞒着我，你在和我亲热之前，有谁摸过你的头，揉过你的发，捏过你的颊？"

男孩笑着说："啊，这太多了，昨天，就有一个……"

女孩愕然，忙问："谁？"

男孩幽默地说："理发师。"

相信男孩如此机智幽默的回答，一定会让女孩打消疑虑，死心塌地地跟着男孩。

有的时候，面对男人的甜言蜜语或者明显的虚情假意，女孩子常束手无策或者疲于应对，但如果有了幽默这种武器，则可在爱情的交锋中占据优势，这样既可使对方的不实之词败露，也让对方感到你可爱、机智、风趣。

一个男人对女友说："请你相信我，我真的很爱你。"

女友反问他："你让我怎么相信呢？"

男人笑着解释说："宝贝，我那纯洁的爱情只献给你一个人。"

女人又笑着追问："那么，你想把那些不纯洁的给谁？"

女人根据男人话中的漏洞产生了幽默的灵感，从而为他们的恋爱生活带来无比的欢乐和情感。

谁都知道，爱情是自私的，如果处理不好，就会使恋人的关系走向破裂。所以，在相处的过程中，我们一定要谨慎维护，即使是吃恋人的醋，也不妨用一种幽默的表达让对方知道。

一对恋人一起去参观美术展览，当他们走到一幅仅以几片树叶遮掩着私处的裸女像油画前时，男友很长时间没有挪动步子。

见此状，女友醋意大发，但她并没有大发雷霆，而是走到男友的面前，挽起他的胳膊，说："亲爱的，你在这儿站了这么久，是想等待秋天树叶落下来吗？"

男友不好意思地笑了笑，立即随着女友走了。

在恋人之间戏谑式的亲昵也是常有的事，戏谑在情人之间多是一种无伤大雅的噱头，有时带点攻击性，但要把握好分寸，因为要使这种戏谑上升到幽默的高度却不是一件容易的事。因此，亲昵最好是幽默性的，这样才能充分地展现你的智慧和情趣，以期达到沟通心灵的目的。

女孩在公园里等待他的恋人。忽然，她的眼睛被一双手给蒙住了。接着，她听到了男孩的声音："猜猜我是谁？你有三次机会，如果三次你都猜不出来的话，你就得接受我的吻。"

女孩做思考状，试探地问："你是苏有朋？吴奇隆？不对不对，你一定是张学友，对不对？"

话音未落，她就迎上了男友的拥抱和热吻，感情急剧升温，两人沉浸在了甜蜜中。

恋人之间适度互相戏谑，不仅能为平淡的生活增添情调，还能增进恋人之间的感情。

每个人都希望恋情甜蜜，但是，不是每个人都有条件在爱情中制造浪漫、渲染气氛。但是，幽默有时可以代替风花雪月而达到浪漫的效果，并且它简单易行，操作方便，是给恋人留下美好回忆的最佳方法。

7. 用幽默来弥补犯下的错误

俗话说得好："相爱容易相处难。"恋人在恋爱的过程中，虽然洋溢着甜蜜与幸福，但是，难免会因为一些小事产生误解或怨恨，如不及时处理，很可能会影响恋人之间的感情，甚至成为分手的导火索。

如何才能快速化解恋人之间的矛盾呢？答案很简单，那就是幽默。当恋人间的一方做错了事或有过失的时候，不妨运用简短的幽默代替冗长的解释，由此，不仅能避免对方没完没了的埋怨，还能化解对方心中的不满和怨恨。

有一对年轻恋人约会，男孩比约定的时间晚到了半个小时，女孩儿噘着嘴老大不高兴。

男孩见此情景，不急不忙地走到女朋友身边，微笑着对她说："我今天有一个重大发现。"

女孩儿虽然生气，但也有些好奇，用疑惑的眼神看着他。

这时，男孩儿上前一步附在女孩儿的耳旁，低声说："我发现你噘嘴的时候最漂亮！"

一句悄悄话，顿时让女孩儿的脸上"多云转晴"，漾起了幸福和原谅的微笑。

男孩巧用一句赞美式的幽默，轻松获得了女友的原谅。但是，迟到终究是不对的，一次两次，恋人能够容忍你的错误，那是因为有爱情的力量，如果时间久了，总是如此，难免会让对方觉得你对其不够重视，而影响你们之间的感情。所以，我们在与恋人相处过程中，还是尽量要做到守时守约，毕竟幽默只能解一时之围。

如今这个时代，有不少"野蛮女友"，这不仅仅体现了现代女性的个性化，更是现代男性包容女性的结果。然而，男人有些好面子、爱吹嘘，所以很容易出现对待女友"当面羊，背后狼"的情形。就像下面这位先生：

在一个生日宴会上，大家玩得非常尽兴。小庆对小丘说："听说你女友是个'河东狮'？"

当着这么多人的面，小丘为了保全面子，只得跟朋友吹嘘："哪里，哪里，她见了我像见了老虎一样！"

谁知，这话正好被出去打电话回来的女友听到了，大骂道："你说谁是老虎？你敢再说一遍？"

这时，小丘只好讨好地说："亲爱的，当然我是老虎，你是武松呀！"

女友被逗笑了，气也消了。

小丘巧妙地运用了"武松打虎"的典故，安抚了盛怒中的女友。如果你也有这样的"野蛮女友"，你不妨也试试这一招。

在明确自己做错了的情况下，我们不妨以幽默的方式跟恋人一起笑自己所犯下的错误。然而，生活中的某些小错误是无法依靠一个简单的自嘲来弥补的。如果惹得恋人生气了，又拉不下脸来道歉，我们不妨多给予对方一些关爱和体贴，并在其中夹杂一些幽默的语言，以此温暖对方受伤的心。

一对恋人吵架了，姑娘气得转身就要走。

小伙子一把抓住女友的手，把她拉到附近的餐厅里，温柔地说："亲爱的，你要走，得先把饭吃了，你才有力气走；要吵，你也得先吃饭，你才有精力跟我吵架啊！"

见男友在吵架时还不忘记关心自己吃饭，姑娘忍不住笑了，两人和好如初。

小伙子的话，不仅逗笑了女友，还传达出了对女友深深的关爱之意。小伙子的幽默就像及时雨，使双方的矛盾隔阂很快消除。

有些时候，双方因为一时的矛盾无法解开而僵持了多天，这时，又该如何破冰呢？下面这位小伙子的做法很值得我们借鉴：

有一个小伙子犯错惹怒了女友。女友连续好几天都不理他。

小伙子只好将一袋女友爱吃的荔枝和一罐红豆放到女友家门口，并附上一张字条，上面写道：红豆生南国，春来发几枝。愿君多采撷，此物最相思。送你一荔枝，愿解心头锁。唯有一事求，请你原谅我。

红豆寄相思，荔枝表歉意。看到小伙子那么有才情的诗句，女友必定能忘却心里的不快，并回以对方莞尔一笑吧！

幽默是爱情中的红娘，恰当运用幽默，不仅能化解尴尬，弥补错误，还能增进彼此的感情，最终让有情人终成眷属。

幸福的爱情不仅仅是由浪漫和激情组成的，不幸的爱情也并非只剩争吵与伤害，一个小小的幽默，不仅可以调情，还能够提升爱情的温度，甚至，有时还可以挽救即将分裂的两颗心。在幽默的言行背后，往往跟随的是无尽的幸福。

$\mathscr{8}.$ 幽默谈吐，守护爱情之花

男人和女人是这个世界上最奇妙的存在，爱是男女之间的感情交汇。在这个世界里，幽默始终扮演着一个爱情之花守护神的角色，在危急时刻，它给人提供安全感；在悲剧时刻，它会引导人向喜剧方面发展。

想要爱情之花芬芳四溢，就需要用甜言蜜语来滋养。但甜言蜜语不能有虚夸成分，而应该是发自内心地爱慕、赞美和尊重对方的言谈。要想使甜甜的话语听上去婉转动听，就需要借助幽默的力量。

有一个姑娘问她的男朋友："你为什么一直送人造花给我？其实，我更喜欢鲜花。"

小伙子从容答道："亲爱的，因为鲜花很容易枯萎，它们总是在我等你的时候就枯萎了。"

姑娘不放心地追问："是真的吗？你真的有那么爱我吗？"

小伙子非常坚定地回答："特别爱你。"

姑娘穷追不舍地问："那你愿意为我献出生命吗？"

小伙子捧住姑娘的脸，看着她的眼睛认真地说："亲爱的，原谅我不能这样做。"

姑娘有些失落了，忙问："为什么？"

小伙子十分认真地说："因为如果我死了，就没有人能像我这样来爱你了。"

姑娘乐得合不拢嘴，在小伙子脸上轻轻地吻了一下。

恋人之间相处一段时间之后，彼此就会对对方有一个深入的了解。因此，在日常闲聊时，难免会抓住对方的"小辫子"而调侃一番。面对恋人的冷嘲热讽，我们不能直接予以回击，所以只能运用幽默的言辞委婉回敬对方。

一对恋人正在海滩上躺着，女孩看到一个穿最新款三点式泳装的女郎站在滩头搔首弄姿。

于是，女孩对身边的男朋友说："喂，你看！她的身材和你崇拜的偶像一模一样。"

但是，男孩并不理会，闭着眼睛躺在那儿。

女孩诧异地问道："怎么？难道你真的一点都不感兴趣吗？"

男孩说："当然，如果她真和我的偶像一样，你是绝对不会让我看她的。"

这位男孩面对女朋友的嘲讽，态度非常冷静，并用带有幽默感的攻击回敬了她，既批评了女朋友的小气心理，又表达了他知道她很爱他的情感。

在与恋人相处的过程中，一定要善于使用幽默的谈吐，做到诚恳对人、热情大方、自尊自重，全方位展示自身良好的修养和人品，用心赢得恋人的尊重和爱。即使遇上磕磕绊绊的事情，也能够用幽默来化干戈为玉帛。

有一位文学博士生，在热恋时期，仍专心地用功读书，引起了女友的极大不满。

女孩抱怨道："但愿我也能变成一本书。"

博士疑惑不解地问："为什么啊?"

女孩说："那样你就会长时间把我捧在手上了。"

博士见女友满脸的不快,赶紧打趣地说："那可不行,要知道,我每看完一本书都会换新的……"

女友急了："那我就变成你书桌上的《古汉语词典》好了!"

话一说完,两人相视而笑,博士将女友拥在怀中。

面对博士男友的冷淡,女孩巧用幽默表达了自己对他的意见,不仅避免了争吵,而且也使彼此之间的感情更加牢固。

恋人双方在用幽默来解决恋爱小矛盾时,还要注意把握好说话的尺度和时机,以避免不仅没有把问题解决,反而使场面更不好收拾。

有一个姑娘跟男朋友约会,结果迟到了半小时。当姑娘赶到时,她男朋友正焦急地东张西望。

姑娘不好意思地招了一下手,然后走过去解释："对不起,我又来晚了。不过,这次是有原因的,我的手表没电了。"

小伙子笑笑说："看来你应该换一块手表了,不然的话,下次约会我就可能换人了。"

如果两人关系已经敲定,并且到了无话不谈的地步,这样幽默一下可能会产生很好的效果。但是,如果双方还比较生疏,那最好不要这么说话,否则,姑娘不仅不会考虑"换手表",反而会直接换一个男朋友。

当恋人之间经历了风风雨雨,感情已经非常牢固,并且日渐归于平淡的时候,仍然不要忘记在日常生活中制造出一些小幽默来,不仅为了愉悦心情,也是为了保证爱情之花常盛不枯萎。

一对情侣去买兔皮大衣,女孩很喜欢那件黑色兔皮大衣,但是,担心它不能适应雨雪天，就问男友："它怕雨雪天吗？"

男朋友幽默地回答说："当然不怕，你看过哪个兔子下雨打伞？"

一句话就把女孩和售货员都逗笑了。售货员直对女孩夸她的男朋友聪明风趣，女孩感觉脸上很有面子，对男孩的感情更深了。

男孩的一句幽默，不仅消除了女友的疑虑，同时，也彰显了他的个人魅力，让女友对他的感情更深了。

养花需要适时浇水、施肥，为了美观，还要对旁逸斜出的枝干进行修剪。守护爱情和养花一样，不仅要用心照顾和维护，而且，在出现一些误会或矛盾时，还要用幽默巧妙地解决，如此一来，才能让爱情之花常开。

9. 幽默，失恋不失态

我们不得不承认，失恋的确会给人造成极大的伤害。尤其是在自己不想分手，而对方却坚决提出分手的情况下，就更不容易释怀。有些人不堪承受痛苦，在失恋后做出一些极端的事情，轻者终日喝酒买醉、颓废度日，重者会选择刀枪相向、以死相威胁。

或许，"被分手"的瞬间会让你觉得尴尬、觉得落魄，内心更是犹如万箭穿心一般，但不管如何，都请不要失了姿态。既然爱情已经失去，我们就要努力保全自己的尊严，莫让自己输得一败涂地，不要让对方暗自庆幸，觉得离开你是件正确的事情。所以，"被分手"时，请不要难过，失去一个不爱你的人，你应该为自己庆幸，你可以大大方方地幽默一次，别管是出于真心还是假意，都送上一句"祝福"，好聚好散，至少让彼此拥有一个美好的回忆。

黄娟是公司女董事。她男友是她的一个下属。然而，他们仅仅相恋半年，男友就移情别恋，迷上了另外一个女孩。

为了给黄娟留些颜面，他模仿辞职信的样式，给她写了封分手信，请辞"情人一职"。

黄娟看到信非常难过。但是，考虑到男友是自己的属下，她不想因此失态。于是，黄娟便写了这样一封回信：

您好：

关于您请辞的提议，经过董事会开会讨论，以下决议事项向您说明：因您当初面试时的职务为情人，标准要求自然很高。尽管试用期间你的表现不佳差点被开除，但念在你苦苦哀求且信誓旦旦地说明自己能够改进与胜任，才予以留任。如今你自愿请辞，董事会当然应允，但自动离职是没有遣散费的。假如你愿意，马上将你调转朋友部门，另施重用。

董事会成员代敬上

黄娟作为公司女董事，而男友偏偏是其下属，如果在分手一事上有什么失态行为，日后很难在公司树立领导威严。于是，她也用回复职员辞职信的方式，给男友写了一封回信，并大方地表示可以继续做朋友，以此减轻对方的心理压力。她对待分手有如此的度量，实属难得。

当然，在日常生活中，很少有人能像黄娟这样，在分手后仍能保持冷静，把"被甩"这件事当作处理公司日常事务一样，以寻求利益的最大化。但是，就算我们在分手时无法表现出黄娟的气度，至少我们要保持理智，坦然接受现实，与对方彻底划清界限，适时维护自己的尊严和利益。

女孩对男孩说："我们不合适，分手吧！"

男孩问女孩："必须要分吗？"

女孩坚决地回答说："必须！"

男孩想了想，说："那好，我能问你最后一个问题吗？"

女孩看了他一眼，说："别问了！我爱过你！"

男孩很平静地回答说："不是这个。"

女孩又自作聪明地说："我们以后做不了朋友！"

男孩笑了笑，说："也不是这个。"

女孩非常疑惑："那你到底想怎么挽留我？"

男孩一脸轻松地说："我并没有想挽留你。我想问你，你的微信上绑定我的银行卡，解除了吗？"

男孩在遭遇"被分手"时，没有对女友提出任何质问，更没有强加挽留，而是关心女孩在微信上绑定他的银行卡是否解除，这完全出乎女孩的意料，既打击了女孩的自信，也维护了自己的尊严和利益。

很多时候，如果一个人爱得太深，付出得太多，一时间会很难接受分手的冷酷现实。如果实在想不开，觉得委屈，那么，我们可以尝试一些略带报复意味的小幽默，想办法让对方知道点厉害。

小雪的男友爱上了别人，提出要跟她分手。

小雪真诚地表示挽留，竟然被断然拒绝，而且男友一点儿情面都没给她留。

几天后，小雪找了个借口约男友出来见面，然后大大方方地递给他一本包装精美的礼物，微笑着祝他幸福，然后潇洒地转身离开。

小雪走后，前男友打开了礼物，原来是一本名为《男人不该劈腿的N个理由》的书。

相信负心人在看到这个书名时，一定会露出惊愕且负疚的表情。

相比较而言，创造后一种幽默要更容易得多，因为气场氛围比较贴近。只要我们曾经认真投入到一段感情当中，"被分手"后自然会心痛到极致，脑子里很容易产生报复的想法，如此一来，创造"恶作剧式"幽默要容易得多，往往也更容易让自己得到一些宽慰。但是，这里需要注意的是，这类幽默的恶作剧千万不能失了分寸，如果幽默过火，就会变成人身攻击，就会降低自己的人格了。

　　在漫长的人生路上，如果我们想让自己活得快乐、活得洒脱，我们就要学会放下一些已经不属于自己的东西。在谈及"幸福的秘史"时，著名影星英格丽·褒曼就曾幽默地说："幸福就是健康加上坏记性。"人在世上行走，无论是谁，都要经历失恋，经历失去，但是，正是在不断失去的过程中，我们不断成长，不断变得强大起来，所以，我们要学会健忘一些、宽容一些，或许，在下一站你就会遇见想要的幸福！分手时刻，如果确实难受的话，我们不妨幽默一下，让自己放松一点。

10. 走出失恋，幽默心态很重要

人在失恋后，往往伴随着沮丧、悲伤、不甘、放不下、怨恨、抑郁等情绪，从而影响其精神面貌、工作状态、生活品质等。试想，如果此时我们以这样一种状态去挽回旧爱或另寻新欢，那么，无论是旧爱，还是新欢，有谁会愿意和这样一个人在一起呢？所以，人在失恋后，要想有一个新的开始，首先要走出失恋的状态。

要想走出失恋的状态，摆正心态很重要。我们不妨以幽默的心态去面对失恋、接受失恋，然后，重整旗鼓重新开始新的生活。

在这个快节奏的时代，我们的周围随处可见"快餐式"的爱情的踪迹，很多年轻人都可能会遭遇恋人的变心。虽然这不足为奇，但是，被抛弃总是一件让人不太容易接受的事情，很多人都会心有不甘。为了寻求心理平衡，你可以给对方来个无伤大雅的"报复"，即幽默式报复，不仅能够化解你的难堪，还可以打击一下暗自得意的对方，真可谓是一箭双雕。

在第二次世界大战期间，很多美国士兵离乡背井，奔赴欧洲战场。就算想念家乡的恋人，也只能书信传情。

有一天，一个美国大兵接到家乡女友的来信，欣喜地拆开展读后，

脸上的笑容顿时僵住了。

原来，女友在信中说："我已经爱上了别人，必须和你结束恋人关系，并请你把我之前寄给你的相片火速寄还，以免日后徒生困扰。"

看完信，美国大兵非常恼怒，但不想因此失去尊严。他开始四处向随军护士及女性军官索取相片。

最后，他将要来的十多张相片寄回给女友，并附了一张短笺："这些都是我女友的相片，我不记得哪张是你的了。请自行选出你的相片，其余寄回。"

这个美国大兵的处理方法颇有不甘示弱、打击报复的意味。可是，他做得比较得体，因为他没有死缠烂打，也没有哀伤抱怨，而是以一种幽默的方式捍卫了自己的尊严。美国大兵的这种幽默式报复，很值得失恋之人借鉴学习。

恋人之间在热恋时期，男女双方会互赠信物，等分手失恋后，这些信物难免都成了彼此的伤口。这时，我们该怎样处理前段恋情的信物呢？这是很多情场失意的人必须面临的一个问题。可能有的人为了留个纪念会选择保留，有的人为了忘却选择丢弃，有的人会选择归还。还有一种方法，是很多人都想不到的，那就是变卖，换成零花钱。

女孩与男友分手后，她便把男友送的礼物拿到旧货店贱价处理。老板问："这些都是男朋友送的定情信物吧？就这样卖掉太可惜了。"

女孩不以为然地说："已经分手了，卖掉这些，不仅能把他忘了，还能挣点零花钱啊，何乐而不为呢？"

把信物换成零花钱，既可以看作一种幽默的调侃，又能表现出这位女孩的豁达态度。只有彻彻底底地抛掉跟过去的恋情相关的事物，才能完完全全地走出失恋的阴影，重新寻找新的恋情。

有时候，我们会觉得世界很小，那些曾经深深伤害过自己的人总是会在不经意间出现在面前，并且运用一些尖酸刻薄的语言挖苦我们。究竟该怎样面对旧爱，甚至是旧爱身边的新欢，这是一件考验智慧与勇气的事情。为了不失气节与风度，我们可以运用幽默反击对方的嘲讽。

旧情人再次相遇是电影中经典的桥段。有些时候，幽默机智的反击是对付情敌嘲讽的最佳手段。

荞在参加大学同学的婚宴上，恰好遇见了自己大学时的初恋男友风。风的现任女友恰好也是他们的大学同学，名叫姗。姗在大学时就追求过风，可那时的风眼里只有荞。因此，姗一直很嫉恨荞。

为了报复荞，姗看见荞后，连忙拉着风过来打招呼："你当初拒绝嫁给风，简直是犯了个大错误，如今他跟我结婚了。"说完，挽着风的胳膊依偎在他的肩膀上。

荞满不在乎地说："这并不奇怪，当我拒绝他时，他就说由于痛苦，他可能会做出一些极其愚蠢的事来。"

面对姗的挑衅，荞运用幽默给予对方有力反击，不仅打击了对方的嚣张气焰，还挽回了自己的尊严。如此幽默睿智的女子，何愁找不到如意郎君呢？

寻找爱情就像寻找工作，失败 100 次何妨，成功一次足矣。如果我们就是那失恋的人儿，如果我们还困在它的阴影里，那么，现在该破茧而出了。接受现实，走出失恋，放眼未来，勇敢前行，用我们的幽默去面对一切，最终一定会获得属于自己的爱情。

第七章

幽　默　之　家　欢　乐　多

有人说，婚姻是爱情的坟墓，事实上，婚姻生活也能始终如恋爱一样美好。因为只要懂得幽默，夫妻关系和谐，婆媳关系融洽，亲子关系甜蜜，全家欢乐多，即使出现分歧，也能巧妙化解。

1. 幽默双人舞，将爱情进行到底

在经历了求爱、表白、热恋、小吵小闹、大风大浪之后，男女双方仍能不离不弃，那么，此时，他们就会选择结束爱情马拉松，正式开始两人的城堡生活——婚姻。很多人在爱河中能禁得住时间的考验，但是在婚姻的城堡中，却抵不住生活的磨砺：妻子抱怨丈夫好吃懒做、不理家务、感情迟钝；丈夫觉得妻子不够温柔、蛮横无理、唠叨不止。

对于婚姻城堡中的两个人，试问，谁不希望婚姻甜甜蜜蜜，家庭幸福美满，享受无穷无尽的温馨和乐趣，将爱情进行到底。对于每一个做丈夫或做妻子的人来说，希望婚姻生活幸福美满都是一个美好而且不算过分的要求。然而，在日常生活琐事的冲突中，如果想让婚姻生活始终如恋爱一样美好，仅凭主观想象和愿望是不够的，还需要夫妻二人幽默共舞，将爱情进行到底。

富兰克林曾说："婚前要张大眼睛，婚后半闭眼睛就可以了。"因为那些婚后睁大眼睛的人，往往会抱怨自己婚前瞎了眼睛。因此，任何一个成家之人，不要随便去否定自己当初的眼力，应当试着以幽默去经营自己的爱情。如果没有根本性的、重大的分歧，幽默将使婚姻生活始终处于最佳状态。

妻子对尚未起床的丈夫说："亲爱的，你能把昨天晚上换下来的衣服洗一下吗？"

丈夫睡眼惺忪地回答说："不，我还没睡醒呢！"

妻子马上一笑，对他说："我只不过是考验你一下，其实衣服都已经洗好了。"

丈夫见此，有些不好意思，笑着说："我也只是和你开玩笑，其实我很愿意帮你洗衣服的。"

妻子随即又笑起来，说："我也是在和你开玩笑，既然你愿意，那就请你快去干吧！"

丈夫没办法，只好笑了笑，起床洗衣服去了。

面对如此富有幽默感和情趣的妻子，丈夫怎么会不心甘情愿地为妻子承担家务呢？

生活是时间的形态。在家庭生活的漫长岁月中，这种形态会显得呆板而凝固。为了留住美好的爱情，让婚姻生活变得丰富而有意义，夫妻之间在日常生活中可以运用一些幽默的语言进行调侃，还可以设置一些有纪念意义的特殊节日，例如婚姻纪念日、情人节、生日等。

丈夫对即将出门的妻子说："你出去时，可别带那只怪模怪样的花狗去。"

妻子见丈夫不让她带狗出去溜达，很疑惑地回答："我觉得那条花狗很可爱，带它出去，多好啊！"

丈夫见妻子坚持要带狗出去玩，就笑着对她说："你一定要带它，是想以它作对比，显示出你的美貌吧？"

妻子也笑着对丈夫说："你真糊涂，如果想那样，我还不如带你出去更好！"

夫妻间幽默的调侃，让生活变得轻松愉快，能让人感受到爱情的甜蜜、婚姻的幸福，从而更加懂得珍惜这来之不易的幸福和快乐。这种生活正是每对小夫妻所追求的。

对于任何人而言，只要真心爱着一个人，他都会变得自私，容不得爱人把自己的注意力转移到除自己以外的任何异性身上。这就是所谓的"吃醋"。

为了避免因不必要的争吵而影响婚姻生活，对于爱吃醋的一方，可以借用幽默拐弯抹角地将醋意轻轻弹压一下，既不会刺伤对方，又表达了自己的不满，从而维护爱情的和谐。

有一次，夫妻二人乘坐电梯时，同行的还有一位穿着暴露的性感女郎。丈夫目不转睛地盯着旁边那位美女，他妻子看在眼里，心里有些不是滋味。

突然，那个女郎转过身来，给了这位男士一巴掌，嘴里还振振有词地说："给你个教训，下次看你还敢不敢偷捏女孩子！"

当夫妻俩走出电梯时，丈夫连忙委屈地向妻子解释："我真的没有偷捏她！"

妻子说："你不用解释，我知道你没有偷捏她，因为是我偷捏了她。"

妻子巧妙地利用了女郎的判断失误，狠狠地教训了一下失态的丈夫，让丈夫有苦难言。对一个具有幽默感的丈夫来说，这种惩罚称不上过分，而且还让丈夫会用欣赏的眼光来看待妻子。

由于工作的压力、生活的琐事，夫妻之间难免互相挑剔，进而产生分歧与纷争，极具智慧的夫妻往往懂得运用幽默来代替粗鲁无礼的语言。由此，使得一切纷争都显得微不足道了，而经历了冲击后的爱情生活反而显得更加活跃。

有对夫妻婚前经过了八年的爱情长跑，可是结婚后经常吵架。两个人都感到忍无可忍。

在一次争吵高潮中，妻子说："天哪，这哪像个家！我再也不能在这样的家里待下去了！"

说完，她拎起自己放衣服的皮箱，夺门冲了出去。

妻子刚出门，丈夫也叫起来："等等我，咱们一起走！天哪，这样的家有谁能待下去呢！"

丈夫也拎上自己的皮箱，赶上妻子，并把她手中的皮箱接过来，两人一起去旅馆住了一宿。

第二天，夫妻二人重归于好。

美好的婚姻离不开爱情的滋润，只有将爱情进行到底，才能让婚姻生活充满活力与激情。而这就需要夫妻共同努力，适时适当地运用幽默进行调剂。

2. 几许幽默，夫妻之间欢乐多

　　相爱的两个人走到一起，并结为夫妻，只是万里长征中的一小段旅程。幸福美满的婚姻更加需要两个人精心呵护和用心经营，每对夫妻都应当懂得为婚姻生活注入幽默的元素，如此才能让家庭的土壤盛开出趣味之花。

　　一位成功的企业家说："要是我们想提升某个人时，会先调查他的妻子。当然，我并不是调查他的太太是否长得漂亮或者很会做菜，而是调查他的太太是否能让他充满自信。"在婚姻生活中，妻子对待丈夫的态度和方式会直接影响丈夫的生活态度、工作状态以及自信心。一个懂得宽容自己丈夫的女人，也必然会对丈夫倍加关爱。反之，如果妻子整天只会抱怨和唠叨，她的丈夫很难有斗志做好自己的工作和事业，也不会有强大的自信心。而随着自信与自尊的渐渐消逝，丈夫对妻子的态度只会趋于冷淡，夫妻之间便会出现情感危机。要改变这种状况，就要借助幽默口才这味解药。

　　一次宴会上，丘吉尔和他的夫人面对面坐着。丘吉尔的一只手在桌上来回移动，两个手指头向着他夫人的方向弯曲。

　　旁人对此十分好奇，就问丘吉尔夫人："您丈夫为何这样若有所思地

看着您？他弯曲的手指来回移动又是什么意思呢？"

丘吉尔夫人笑着答道："离家前我俩发生了小小的争吵，现在他正在向我承认那是他的过错，那两个弯曲的手指表示他正跪着双膝向我道歉呢！"

人们常说，一个成功男人的背后一定有一个聪明智慧的女人。伟人之所以能取得很大的成就，很多时候都是因为有和睦的家庭作为坚实的后盾。做一对幽默的夫妻，家庭就能禁得起狂风暴雨的侵袭。充满幽默气氛的家庭里，家庭成员之间就很少会出现关系紧张情况。

有一位成功的企业家，结婚多年，他和妻子从未发生过冲突。

有一天，企业家问妻子："你为什么一直对我这么好？"

妻子答道："跟你结婚之前，我请教过我的妈妈，问她为什么会对我爸爸那样好，她说：'不要批评你丈夫的缺点或责怪他做错事。要知道，正是因为他有缺点，偶尔会做错事，才没有找到更理想的妻子。'我牢记了这句话。"

正所谓"人无完人"，夫妻之间不要相互指责和批评，因为我们自身也是不完美的，凭什么要求对方做到完美无缺呢？而且，批评指责不会让对方变得更好，只会让夫妻之间的关系越来越紧张。所以，要想缓解夫妻之间的紧张关系，我们要懂得运用幽默来调节。

一个酒徒经常在外面喝得大醉。有一天，他又很晚才回家，而且又没有带钥匙。没办法，他只好敲门。

妻子怒气冲冲地打开门，对他说："对不起，我丈夫不在家。"

酒徒一脸无奈地说："那好，我明天再过来。"

说完，他转过身做出要离开的样子。

见丈夫如此幽默，妻子化怒为笑，一把把丈夫拉进了屋里。

丈夫通过一个小幽默，诱发了妻子内心深处对自己的怜爱和尊重。这时，夫妻两人都不会再计较喝酒的事，而是去享受夫妻之间的甜蜜与欢乐。

夫妻之间，除了在发生矛盾时运用幽默调节，在日常生活中，我们可以随时随地保持这种幽默感，以此让柴米油盐的枯燥生活变得趣味十足。

下面是一个丈夫留给中午晚回家的妻子的话：

买来一桶鲜橙C，多喝维C多漂亮；

菜篮子已空。

丈夫告诉妻子已经买好了鲜橙汁，要她记得喝，同时提醒她去买菜。

妻子怕自己晚上下班回来迟，特地给丈夫也留了个纸条，她还故意写错了。

鲜橙C已经放进肚子里；

菜篮子我也"戴"走了。

妻子故意把"带"写成"戴"，这样一错，比丈夫的话更具幽默感——真是戏法人人会变，巧妙却各有不同。

随着岁月的流逝，夫妻之间的关系会日渐平淡，失去年轻时的浪漫与温馨。作为老夫老妻，为了让婚姻生活不失韵味，不妨适当地相互调侃戏谑一下。

老张夫妇吃完饭后坐在一起看电视。张太太剥了一个橘子，果肉有些干了，汁水少，嚼在嘴里如同在嚼一团棉花。

于是，她便拿了一半给老张："这个橘子太干，我替你吃了一半，剩下一半你自己吃吧！"

老张听后，夸奖道："你可真够体贴的，谢谢你为我分担！"

说完，美美地吃下了那个干橘子。

这样的事例在现实婚姻生活中很常见，可能很多夫妻还会因此争执不下，我们不妨借鉴一下张太太的做法，巧借幽默让对方心甘情愿为其分担难吃的食物。由此一来，夫妻间也会增添一分乐趣。

幽默是夫妻间的润滑剂，它能使夫妻之间永远沐浴在春风细雨之中，使夫妻关系远离紧张冲突，永远和谐美好。一个充满活力、拥有幽默口才并善加运用的人，其婚姻生活必将是丰富多彩的。

3. "妻管严"的快乐，大丈夫能屈能伸

"妻管严"是丈夫疼爱妻子的一种表现。在这样的家庭里，不仅有让人羡慕的好丈夫，而且还有令人捧腹大笑的幽默瞬间。中国上下五千年的古老文明，造就了炎黄子孙重感情、重家庭的特点，也因此让"妻管严"的幽默故事上涉帝王将相，下及黎民百姓。夫妻之间只要懂得幽默，"妻管严"也未尝不是一种快乐。

有一位作家，十分"惧内"，绝对称得上模范丈夫。

一天，几个朋友相约去他家一探究竟。大家刚进屋，就听见妻子对他数落不停，就像正在扫射的机关枪。

作家自我解嘲地对朋友们说："听习惯了，跟听音乐差不多。"

经他这么一说，朋友们和他妻子都忍不住笑了起来。

在闲聊的时候，妻子突然盯着丈夫的脑袋，疑惑地问："听说男人秃顶是因为用脑过度，是真的吗？"

谁知丈夫诙谐地说："是的！你知道女人为什么不长胡子吗？"

妻子不解地摇摇头。

丈夫故作正经地说："那是因为女人有一张喋喋不休的嘴，下颚超负荷运动！"

一句话逗得妻子笑着去追打丈夫。

在机智的作家对妻子做出诙谐幽默的反击中，朋友们不仅感受到作家对妻子浓浓的爱意，也感受到这个家庭轻松愉悦的和谐氛围。

养育女子和养小孩一样都需要注重细节，需要细心与耐心。对于女人而言，只要做丈夫的能够在细节处体恤妻子、包容妻子，那么，做妻子的就会感到心满意足，就会倾其所有去经营这个家庭。

一男子正坐在电视机前陪儿子看《动物世界》，屏幕上出现一只大老虎。儿子指着老虎对爸爸说："爸爸，瞧那老虎多精神，真不愧是百兽之王！"

男子忽发灵感，得意地对儿子说："你老爸我就是那威风八面的老虎，你看我是不是很有王者风范啊！真是顺我者昌，逆我者亡啊，哈哈……"

就在男子手舞足蹈，扬扬得意的时候，他突然看见正在做家务的妻子杏眼圆睁，柳眉倒竖，满脸的山雨欲来风满楼之色。

男子见情形不妙，便轻声细语地说："我还没说完，如果你觉得做虎妻屈才了，那就当武松吧！"

妻子听丈夫这样说，笑呵呵地继续做家务。

丈夫能够说出此话不是因为情动于衷，而是因为外界形势所迫。但是，他这种行为在为人妻者看来实在可作为温柔体贴的典范。

无独有偶，类似下面这种"惧内"式的幽默。也正成为一种新的流行趋势和模范丈夫的典范。

朋友："你在公司里什么职位？"

丈夫："在公司里我是头。"

朋友："这我相信，那在家里呢？"

丈夫："我当然也是头。"

朋友："那你的妻子呢？"

丈夫："她是脖子。"

朋友："为什么？"

丈夫："因为头想转动的话，得听从脖子的。"

这种幽默的妙答，除了会引得朋友捧腹大笑，也间接地暗示了他对婚姻的满意。

在现实生活中，"妻管严"通常被人认为是一件不光彩的事，难免会遭受周围人的嘲笑。事实上，仔细分析一下，我们就会发现"妻管严"更具积极意义：一方面，它肯定了女性在家庭中的主导地位；另一方面，适度地、有节制地"惧内"，更能显示出丈夫对妻子的一片爱意。幽默的"惧内"，不仅不会有损自己的高大形象，反而能显示出一个男人的包容和智慧。因此在某种意义上说，只要懂得幽默，"妻管严"也充满了乐趣。

4. 幽默是醋意的中和剂

在爱情之中产生"醋意"是一种正常现象。无论是男人还是女人，从某种意义上讲，没有了醋意，也就没有了爱情，但是，"醋意"大到敏感、猜疑、神经质以至于影响到夫妻情感的程度就不好了。醋吃得适量可以开胃，吃多了反而会伤身。

虽然"吃醋"是爱情的见证，但是，醋意一般不宜太露。所以，当你打翻醋坛子时，不妨借助幽默将醋意中和一下，不仅能提醒对方慎重与异性交往，也能体现出自己对对方的尊重与爱。

在现实生活中，妻子会因为各种原因打翻醋坛子，这时，丈夫应该站在妻子的角度去考虑她的感受，适时运用幽默来中和她的醋意，不仅能安抚她的不满，也能加深夫妻间的感情。

在打扫书房的时候，妻子从丈夫的抽屉里竟然发现一大沓前女友的相片。

妻子立刻就吃起醋来，怒气冲冲地把丈夫喊过来质问。

丈夫自知理亏，但扔掉确实不忍，留下妻子又不同意，于是灵机一动，在每张相片的背面写上一句："再美美不过我的好妻子。"

妻子见此高兴得眉开眼笑，两人和好如初。

适当运用幽默去吃醋能增进夫妻感情，但是，如果醋意大到敏感的地步，以至于对夫妻之间的情感产生怀疑和猜忌，就会失去其原本的作用。

一个男人刚刚荣升某大企业的总经理。周末，他和妻子开车去度假，以此放松一下心情。

路上，他们来到一个加油站加油。男人说自己开车累了，想休息一会儿，就让妻子下去加油而自己待在车里。

过了好一会儿，妻子还没上来。男子透过车窗看到妻子正和加油站老板有说有笑，开心得很，而且，临走时还彼此握了一下手。于是，男子醋意大发。

等妻子回到车上，男子没好气地说："刚才你和那个站长有说有笑，聊得很开心啊！"

妻子回答说："你知道吗？他跟我是高中同学，当时他还追过我呢！"

男子一听，吃醋地说："如果你当初嫁给他，你现在就只是加油站站长的妻子，哪有机会做总经理的妻子呢！"

妻子非常认真地予以纠正，说道："请你搞清楚状况，如果我当初选择了他，现在当总经理的就不是你了，应该是他！"

这位妻子巧用推理，幽默地打压了丈夫的傲气与醋意，同时，也间接告诉丈夫，他能够取得今天的成就，与自己对他事业的支持与帮助是分不开的。

对于爱吃醋的另一半，我们可以借用幽默避其锋芒，转弯抹角地将对方的醋意稍微弹压一下，这样既不伤及对方的自尊，也可以消解对方的妒意。

一对新婚夫妇在街上闲逛，迎面走过来一位穿着时尚的漂亮女郎。

丈夫忍不住多看了几眼，妻子脸上立刻阴云密布："那么色迷迷地盯着人家干什么？"

丈夫回答说："亲爱的，你误会了，我不是在看人，我是研究人家穿的衣服，我打算照那款式给你买一身呀！"

妻子尽管半信半疑，但脸上已有了笑意。

夫妻间之所以会相互吃醋，就是因为对方对自己给予的关注度不够，面对爱人的醋意，我们首先要找到自己忽略的细节，或者弄清楚对方的心理需求，然后对症幽默一下，必能瞬间消解醋意。

夫妻之间相处久了，感情难免会淡化，这时要想使感情长久地保鲜，使彼此相处得更愉快，可以设置一些场景，或是通过一些让人动心的语言，以此来调剂婚姻生活的平淡。请相信，如果我们足够幽默，足够风趣，一定可以让恋人如痴如醉地陶醉在爱河之中。

一对夫妻饭后在公园里散步，看着丈夫一声不吭地往前走，妻子打破了沉寂，说："前面那个哥哥好帅，是我喜欢的类型，我想上前认识一下。"

丈夫一听，有些急了，却装作不在乎地撇撇嘴："随便，听说我们公司下星期要来一个美女，我一直很期待呢。"

一听这话，妻子不高兴了，嚷道："不许你打别人的主意，你已经是有家室的人了！"

丈夫耸耸肩："凭什么你能看帅哥，我就不能看美女？"

妻子生气地扭转头："哼！你就不能让让我吗？我就知道你不爱我了！"

丈夫一把拉住妻子的手，说："好啦，好啦！我爱你，我发誓，我只爱你一个，以后绝对不会看其他的美女。"

妻子一下子转怒为喜："嗯，这下我就可以放心地看帅哥了。"

丈夫意识到自己被耍了，但是，看着妻子笑得那么开心，一下子也乐了。

妻子用幽默的方式表达了自己心里的想法，以及对丈夫的要求，面对如此幽默可爱的妻子，丈夫根本无力反抗。

在生活中，有人把婚姻比作爱情的坟墓。其实，很多时候正是因为这些醋意和抱怨得不到有效处理，而使夫妻双方都选择了争吵或者冷战，最终导致夫妻间的甜蜜越来越少，距离也越来越远。事实上，回过头想想，都不过是些鸡毛蒜皮的小事，都是因为彼此太在乎对方的表现。如果能够善于运用幽默的技巧来处理问题，不仅可以轻松地化解醋意，而且还能让两个人的感情更加牢固长久。

5. 炫出幽默感，不再为唠叨烦

"接吻是不能永久持续下去的，可饭却是要天天吃的。"这是英国19世纪著名作家梅瑞狄斯的一句名言。的确，结婚以后，恋爱阶段的花前月下不可避免地要为油盐酱醋的琐碎所取代。很多女人至此开始不讲方式地埋怨、责怪丈夫，向丈夫气鼓鼓地唠叨不止，由此，给丈夫带来了无尽的烦恼，甚至演变为精神上的痛苦和折磨。

作为丈夫，在面对妻子无休止的唠叨时，不能直言不讳、言辞激烈地予以反击，否则，夫妻之间的矛盾就会日益加剧。如果我们能将内心的想法制成"糖衣炮弹"，对其进行善意的揶揄和有节制的讽劝，以幽默的方式将自己的想法传达给对方，既能制止对方的唠叨，又能增加趣味的成分，让对方心甘情愿地改正错误，而不至于伤害到彼此之间的感情。

一天晚上，丈夫正准备睡觉时，妻子突然用力地推了推他，说："你怎么不看看煤气、门窗、热水器都关好了没有，就睡觉了？"

丈夫用手轻轻地捂住了妻子的嘴，说："放心吧，亲爱的，除了你的话匣子，该关的都关了！"

还有一个事例：

妻子正在厨房炒菜。丈夫在她旁边一直唠叨不停："慢一些，小心！

火太大了，赶快把鱼翻过来！快铲起来，油放太多了！把豆腐整平一下。"

妻子脱口而出："哎呀，我懂得怎样炒菜，不用你告诉！"

丈夫平静地答道："你当然懂得，我的老婆大人。我只是要让你知道，我在开车时，你在旁边喋喋不休，我的感觉如何。"

丈夫如果能够采取如此幽默的方式反击妻子，不仅不会伤害到夫妻感情，还会让爱唠叨的妻子有所警醒和反思，不再好意思继续唠叨了。

对于女人而言，她们天生有一种被爱的欲望，很多时候，她们都希望自己的丈夫能随时关注自己、宠爱自己，对自己多有些亲热的举动。然而，生活的忙碌与琐碎，使得很多男人忽略了妻子的这种心理需求，从而引发了妻子无休止的唠叨。这时，如果我们能用幽默的语言予以反击，对方就会在会心地一笑之后理解你，避免一些不愉快的争吵。

一位丈夫在家总觉得憋闷，常出去同朋友打牌聊天。

有一天，丈夫回家晚了，妻子同他争吵起来。

妻子说："你刚结婚时，不是说在家里很幸福，看到我就像看到了全世界吗？"

丈夫争辩说："我是这么说过，但是，那时我对世界还不熟啊！"

有时候，为了避免因生活琐事而大动干戈，就要学会采用幽默的方式表达对爱人的不满，那么，对方就会心甘情愿地接受。

这天，夫妻俩说好一起去朋友家做客。走到半路，妻子为带的礼物不够体面而唠叨个没完没了。丈夫平时对她都是言听计从的，可这次不知哪根筋搭错了，竟对她耍起了牛脾气，扭头就回家了，第一次把妻子一个人丢在马路上。

当时，妻子气得眼泪都快流出来了，但她并没有认输，赌气地单刀赴会。

晚上十点多，妻子回家后，见房里灯都关了，心想丈夫肯定是睡着了，便没有按铃。她掏钥匙开门时，发现门上贴着纸条，上面写着：你必须向我道歉！

妻子气愤地想："我还没有找你算账呢！"

进屋后开灯关门，她发现门后又贴着一纸条，上面写着：或者把我皮鞋擦亮也行。

妻子很生气地想："哼，想得美！"

在换鞋时，妻子发现她的拖鞋上又有一个纸条，上面写着：哼，想得美！

妻子感到好笑。

妻子去洗漱时，口杯上又有一个纸条，上面写着：如果你不知道如何向我道歉，书桌上有提示。

妻子急忙跑到书桌旁，只见桌上放着半页纸，正面写着：把背面的话对我大声念两遍就行了。

翻到背面，见上面贴着一张从报纸上撕下来的广告，广告词是这样写的：作为女人，每个月都有几天心烦的日子，这是可以理解的。

妻子不禁微笑："看来，他是想找个台阶下。"

妻子的气消了一多半。

洗漱完后，妻子上床，见丈夫扭头在一边装着睡着了。她也不理他，打开床头灯想看几页书再睡——这是她多年来的习惯。

她打开书，里面又有一个纸条，上面写着：我知道你心里已经很难过了，你觉得对不住我，感觉到难过了就行，也不必太过自责了。其实，我也该检讨，要不是我发现马路对面表哥他们正想看我的笑话，我是不敢跟你作对的，男人嘛，除了在外人面前要点面子外，谁会没事跟自己的妻子过不去啊！

妻子顿时觉得心里暖暖的，觉得自己一直以来确实是有些过分，有些对不住丈夫，便双手抱着他的头，扳过脸来，却发现他脸颊上竟然写着两个大字：亲我。

在丈夫如此良苦用心的幽默感化下，妻子不得不有所反思，有所节制，懂得尊重、关心丈夫的感受。

事实上，和谐美满的夫妻关系就应该是这样的，在彼此尊重、关心的同时，还要善于运用幽默去感化对方，让对方清楚什么是自己能接受的，什么是自己不能接受的。只有这样，夫妻间才不至于出现太大的问题。

6. 亲子沟通，幽默很关键

当夫妻之间的感情升华到一定程度，他们就会产生孕育下一代的想法。因此，我们说孩子是夫妻间爱情的结晶。孩子成长的过程，也就是亲子之间不断沟通的过程。孩子天性善良纯真，因此，在亲子沟通过程中，父母要注意培养孩子的幽默感，使孩子养成开朗乐观的性格和与人为善的品质。

一个周末，女儿和妈妈下起了象棋。

对弈之始，性子比较急的女儿只顾安排前面的小卒冲锋陷阵，根本没有顾及后面的具有强大威力的长线棋。如果那些杀伤力极强的棋子被小卒远远抛离的话，前后的兵力就没有办法及时接应，整个局面很快就会陷入孤立无援的境地，孩子就一定会输。

在一旁观战的爸爸尽管着急，却不方便直接提醒。于是，他轻描淡写地对女儿说："怎么了？你是想留这些大人棋子看家吗？"

女儿这才恍然大悟，一拍脑袋，幽默地回复爸爸："是哦！家里的小孩子都出去玩了，家里没大人照顾有些危险呢！这样吧，我就让舅舅（女儿舅舅属马）出去保护这些顽皮的小孩子吧！"

说完，女儿就走了一步后方的马。

　　这位父亲巧用幽默点醒了女儿，而聪明的女儿也巧用幽默回应了父亲，顺利实现了亲子之间的幽默沟通，从而为家庭生活增添了无限乐趣。

　　要想成为称职的家长，我们就要了解并尊重孩子的想法，不要轻视孩子做的那些能令人开怀大笑的"傻事"，鼓励孩子的幽默，对他们的幽默感给予及时称赞。

　　妈妈对儿子说："你不是昨天才答应我不乱翻东西了吗？我跟你说好的，再乱翻东西就打屁股。"

　　儿子点点头，说："是啊！我昨天确实答应你了，是我不好，没有遵守自己的诺言，所以，如果你也不遵守自己的诺言，我也不会批评你的。"

　　当妈妈训斥儿子不信守诺言时，儿子运用幽默反过来劝解妈妈不要批评他。

　　结果，儿子此举不仅使自己免受了责罚，还博得了妈妈一笑。

　　对于一个孩子来说，从认为父母无所不知、无所不能，到他懂得用幽默的方式跟父母交流，这是一个值得庆贺的变化，因为这说明他已经长大懂事了，懂得运用幽默的语言愉悦父母。

　　一位工程师由于工作繁忙而错过妻子的生日。

　　下班后，工程师小心翼翼地溜进女儿的房间，晃了晃手里的糖果，对孩子说："宝贝儿，告诉爸爸，晚上妈妈过生日时都说我什么啦？"

　　女儿想了想说："你要我把不好的字眼儿都省略吗？"

　　工程师点点头，说："好！"

　　女儿调皮地说："哦，妈妈没有说任何话。"

　　工程师苦笑着抱了抱自己可爱的女儿。

　　这个懂事的女儿为了不让父母之间产生隔阂，运用幽默的语言避开了爸爸的问题，从而维系了父母之间的感情，真正发挥了其纽带作用。

中国传统的家庭教育是反对幽默的，它奉行严肃多于宽容，从一些俗语便可窥知一二，如"三天不挨打，上房揭瓦"、"棍棒底下出孝子"。这些传统的教育思想形成的亲子关系往往是对立的，而这对孩子的健康成长是毫无益处的。为了避免孩子的逆反情绪，让子女健康快乐地成长，父母就应该秉持平等的观念和态度，多运用幽默的方式跟孩子进行沟通交流。

一家人正在吃饭，儿子十分感慨地说："外国人就是比中国人更文明，即使在使用餐具上也能体现出来。外国人用的都是金属刀叉，而我们却用两根竹筷子，明显缺少分量。"

父亲听到这话很生气，但他没发火，说："这个问题好解决。"

然后，他拿起夹碳用的火钳，一把塞给儿子说："给，用这个吃，这也是金属的，分量也够！"

这位父亲没有直接训斥儿子崇洋媚外，而是巧用幽默进行曲意批评，这样更易于使儿子接受。

从表面上看，幽默仅仅是一种教育手段，然而，实际上，它所传递的是一种积极乐观的精神，一种坚信"明天会更好"的信念。亲子间风趣幽默的沟通能够激发出孩子活泼的天性，并且会在他们幼小的心灵中留下不灭的印迹，使他们能够健康成长、快乐学习。

7. 跟子女幽默，爱他们就直接告诉他们

正所谓"虎毒不食子"，普天之下，没有哪个父母不爱自己的子女的。只是，很多时候，由于父母与子女沟通的方式不正确，而让子女误以为父母不爱或者不够爱他们，也正是因为感受不到父母的爱，使得他们成为"问题少年"，甚至走上犯罪的道路。因此，在子女成长的过程中，为人父母者应该正确表达爱的方式，不能像"虎爸虎妈"似的虐爱，也不可过分地溺爱他们。

在与子女沟通的过程中，幽默不失为一种适宜的表达方式。它既能营造一个轻松愉悦的沟通氛围，顺利达到沟通目的，同时，也能让子女感受到父母深沉无私的爱。

1853 年，法国戏剧家小仲马的歌剧《茶花女》首次公演，并且受到热烈欢迎。

事后，小仲马给当时流亡在布鲁塞尔的父亲大仲马打电报汇报盛况。他这样写道："巨大、巨大的成功！就像我看到你的最好作品初次上演时所获得的成功一样。"

大仲马风趣地回了一封电报："我最好的作品就是你，我亲爱的孩子！"

　　大仲马无疑是个懂得运用幽默的人。他直截了当地对小仲马传达自己的感受，一下子就拉近了父子之间的距离，进一步加深了父子感情。

　　现代家庭中，由于工作繁忙，生活负担重，年轻夫妻通常把孩子全权交给爷爷奶奶、外公外婆来带，虽然老人对此心甘情愿、不辞辛苦，但是，难免会因过度劳累而有所抱怨。为了避免矛盾，明智的老人往往会运用幽默的语言与自己的子女进行沟通，既不伤和气，也能让子女感受到父母的爱。

　　有一对年轻夫妇，先后生了两个孩子。为了赚钱养家，他们把两个孩子交给了爷爷奶奶抚养，只是在节假日偶尔会把孩子接走。

　　在一次闲聊中，儿媳满心感激婆婆带孩子的辛苦。婆婆是这样回复的："我很喜欢和孙儿们相处，因为他们在我这儿，能带给我两种不同的快乐！"

　　儿媳忙问："怎么说呢？"

　　婆婆笑着说："他们来了，我很快乐；他们走了，我同样也很快乐。"

　　这位婆婆用幽默的方式委婉地表达了自己带孩子的辛苦，以及她对儿子和儿媳闲暇时不照看孩子的不满。

　　在家庭成员的角色中，除了婆婆外，岳母也常常被定义为某一种刻板类型，她们自己对此也很清楚。为此，要想营造两代人之间和谐融洽的关系，首先就需要加强彼此之间情感的交流。

　　有一位岳母，她女儿刚结婚不久，并且是嫁到了较远的地方。

　　有一天，新女婿打来电话问候："妈妈，您有时间过这边来玩吧！"

　　岳母答道："暂时不过去了，等到你们生了小孩以后，我再去。"

　　女婿忙问："为什么啊？"

　　岳母很认真地说："因为，我觉得祖母要比岳母更受欢迎一些。"

这位岳母运用自己的幽默巧妙地表达出了自己的想法，为营造两代人之间和谐融洽的关系奠定了良好基础。

父母在与子女进行沟通时，对其不仅可以运用这种平和的幽默方式，而且还可以运用一种"打是亲、骂是爱"的幽默方式。

美国企业家艾科卡在里海大学就读时，曾在900多个毕业生中位居第12名，毕业后又被送去进修硕士学位，然后如愿以偿地进入了福特公司。

他父亲为此很高兴，见到他时说："你在学校读了17年书。瞧，念书考不上第一名的笨蛋，现在情况怎样？"

从表面上看，艾科卡的父亲是在嘲讽自己的儿子，实际上是变相地在夸赞自己的儿子。在笑骂中，我们不难发现父亲对儿子现有的表现和成就的满意与自豪，以及对儿子的未来充满信心。

父母对孩子拥有监护权，孩子有错要管教，但关键还是在于让孩子明白事理，简单地打骂和训斥不但达不到教育的目的，有时还会伤害子女的自尊，引起他们的逆反情绪，就会更加不利于子女的成长和发展。这时候，我们可以运用幽默的方式对孩子进行教育。

七岁的强强一直痴迷于枪战玩具，天天都冲冲杀杀的。他爸爸对此非常担心。

有一天，强强在商店里看中了一支新式玩具步枪，缠着爸爸要买，而家中的武器玩具早就堆成小山了。

于是，爸爸对强强说："儿子，你的军费开支也太大了，如今是和平时期，咱们裁减点军费怎么样？"

强强听了，"扑哧"一声笑了。从那以后，他很少要求父亲买武器玩具了。

　　这位父亲抓住儿子的兴趣点，运用幽默的语言与儿子沟通，从而在愉悦的氛围中轻松实现了教育的目的。

　　其实，要想两代人能够和谐融洽地相处，为人父母者首先应该放下所谓的"威严"，主动与子女亲近，并适当运用幽默向子女传达自己的关怀与爱。而孩子在父母的幽默语言中，往往会感觉到轻松，体会到爱，从而自觉不自觉地表现得更优秀。

8. 教育孩子，幽默更有效

教育孩子是一门学问，不能过于严肃，也不能过于宽松，否则，不仅不能教育好自己的孩子，而且还有可能事与愿违，起到相反的作用。在教育孩子的过程中，我们不妨多用一些小幽默，这样既能达到教育的目的，又能在无形中促进孩子的思维能力和语言能力的提升。

对于孩子而言，思想叛逆和寻求快乐都是他们的天性，孩子会拒绝严厉的批评，但绝不会拒绝笑声。在教育孩子时，家长如果能经常寓教于乐，再顽皮、再固执的孩子也会发生改变。

东东是个五岁的男孩子，他的声音总是非常大，常常吵到邻居或吓到其他玩伴。为了使他的声音降低一些，他父母想尽了办法，包括劝导、打骂，可都没有什么效果。

有一天，东东爸爸想出了一个办法：他在一个瓶盖儿上面打了个洞，穿上线，挂在了东东胸前。

东东提亮嗓门问："爸爸，这东西是做什么用的？"

爸爸向东东展示了一个收音机的音量控制旋钮，然后告诉他："这个是用来调节你的声音的，向左旋转表示音量调小，向右旋转表示音量变大。以后，你说话的时候，就用这个来控制自己的音量吧！"

东东觉得这个方法很有趣。此后，只要他的声音一大，他爸爸就会提醒他："把音量调小一点，要不就成了摇滚音响了！"

而当他说话的音量适中时，妈妈就会夸赞说："这是优雅的小夜曲时间。"

在父母指引下，东东很快就改掉了说话声音高的坏毛病，学会了用正常的音量说话。

东东爸爸巧用收音机原理使得孩子改掉了说话声高的坏习惯。这种看似有些荒谬的教育方法，用在孩子身上却卓有成效，是任何打骂、说教都无法达到的效果。

孩子的世界就是这样单纯而简单。面对孩子的任性，如果我们能站在孩子的立场去思考问题，运用孩子所能理解的方法去解决问题，那么，就会取得事半功倍的效果。

牛牛刚上幼儿园，十分不情愿。

这一天，妈妈送他到教室门口时，牛牛使劲抓住门框，不管怎样就是不肯进去。

这时，妈妈灵机一动，笑着对他说："妈妈知道牛牛最喜欢教室门框了，可是，门框被你摸久了会害羞的，乖乖，快进去吧！"

听了妈妈这一句话，牛牛笑嘻嘻地走到了自己的座位上。

牛牛妈妈站在牛牛的角度，运用他所能理解的幽默语言化解了牛牛对幼儿园的恐惧，还让他高高兴兴地走进教室去学习。这种幽默的教育方式值得我们每个家长学习。

在家庭里，幽默是一种行之有效的、不可忽视的手段，幽默感还可以感染孩子。在一个充满幽默欢笑的家庭里，孩子就会变得活泼、热情、开朗。因此，父母应该重视对孩子幽默感的培养。例如，在平日里，可以与子女开些善意的玩笑，鼓励孩子说些健康的俏皮话等。

　　总之，在家庭教育中，父母多一分幽默，子女就多一分笑声，多一分欢乐，多一分力量。幽默不仅能消除父母与子女之间人为的紧张情绪，而且可以让子女在笑声中健康身心，达到寓教于乐的目的。

𝒞. 关爱父母，借幽默来传达

相信看过《红楼梦》的人，一定对王熙凤的印象很深刻，在贾府众多的媳妇中，她深受贾府中至高无上的贾母器重，并被委以重任。而王熙凤之所以受到长辈喜爱，就是因为她巧舌如簧、言语诙谐，给贾母带来很多快乐。在关爱父母，讨父母欢心时，如果我们能够像王熙凤那样，做一个善用幽默、妙语连珠的晚辈，就一定能让老人的晚年生活充满欢乐。

在赡养父母时，很多人觉得只要让老人衣食无忧就是最大的孝顺，而将老人的精神需求忽略了。事实上，老人更多的是渴望精神层面的满足——他们对物质方面的要求反而不高，更需要的是跟儿女在一起的欢乐。

在王爷爷80岁大寿的寿宴上，他的子女们都从各地赶回来祝寿。当时，前来祝寿的还有很多亲朋好友，热闹非凡。在吃饭之前，大家纷纷提议这位老"寿星"讲几句话。

王爷爷想了想，说道："当年轻力壮的时候，爸爸就像一个篮球，孩子们你争我夺，汲取成长所需的能量。当步入中年的时候，爸爸就像一个排球，已经没什么利用价值，孩子们就你推我搡。当年老体弱的时候，爸爸就像一个足球，孩子们都你一脚、我一腿，唯恐踢不出去。"

宾客们听到王爷爷这番幽默风趣的比喻，都哈哈大笑，纷纷鼓掌称妙。

此时，王爷爷的儿子大声说："爸爸，您不是篮球，也不是排球，更不是什么足球，而是橄榄球。为了将您紧紧抱住不放，我们就算摔得腰酸背痛、全身是泥，也心甘情愿！"

儿子的话一说完，全场又是一阵笑声、掌声，而王爷爷也安慰地笑了。

王爷爷用一组形象的比喻，幽默地批评了子女们对自己的忽视；而他的儿子也借同样的比喻，幽默地向父亲表明子女们永远不会忽视父亲，一直都深爱着父亲，从而让王爷爷备感安慰。

为了让父母能够健康快乐地安度晚年，对于父母的错误观点和不好的生活习惯我们就要及时予以指出，帮助他们改正。这就涉及劝说的态度和方式，如果言辞过于生硬激烈，难免会伤害到老人的自尊心，这时，如果能够巧用幽默，就能起到事半功倍的效果。

有位李奶奶，受街坊邻居的影响，突然间皈依某种宗教，每天都不停地祷告，有时甚至都忘记吃饭。儿女们担心会影响老人的身心健康，劝阻多次都没用。

有一天，李奶奶正在祷告时，儿子听得非常不耐烦，故意叫了声："妈！"李奶奶随口应答了一声。然后，儿子又叫了一声，李奶奶又答应了一声。

儿子就这样接二连三地一直叫"妈"。李奶奶终于受不了了，来到儿子跟前，气愤地责问："你翻来覆去地叫我，究竟有什么事？"

儿子满脸堆笑说："妈，我才叫了您十来声，您就这样不高兴了，那个神每天都被您呼唤千万次，难道它就不会厌烦吗?"

通过一个小幽默，儿子不仅阻止了母亲无休止地祷告，而且还没让老人不高兴。在日常生活中，我们就需要用这种方式去化解跟老人之间的矛盾，让他们有一个愉快舒适的晚年生活。

在我们小的时候，父母一口一口地把我们喂大，一点一滴地将我们养大。反过来，父母老了，这时的他们也像一个孩子，需要我们拿出耐心与恒心去孝敬他们。所以，无论我们的工作有多么繁忙，生活压力有多大，我们都不能忘记去关爱我们的父母，要多运用点幽默，想方设法让父母笑口常开。

10. 礼敬长辈，运用幽默提意见

中国自古就有"百善孝为先"的古训，受封建传统思想的影响，很多人认为礼敬长辈，就是绝对服从，无论长辈的观点和做法是否正确。这并非是"真孝"，而是"愚孝"。一个健康和谐的家庭应该是长辈和晚辈互敬互爱、共勉成长的。当晚辈的观点和做法不正确时，长辈可以随时予以批评指点，同样，当长辈的观点和做法不正确时，我们也可以提意见，只是，在表达方式上幽默委婉，这样才能不伤及长辈的尊严和情面。

有一位画家，一直希望儿子能子承父业，学习画画。虽然对此并不感兴趣，但是，迫于父亲的威严，儿子只好勉强为之——这样的日子让儿子苦不堪言。

儿子16岁那年，有一天是画家的生日，画家让儿子画一幅画作为给自己的生日礼物。片刻后，儿子拿着一张白纸交给画家，说已经画好了。

画家纳闷地问："你的画呢？"

儿子认真地说："爸爸，在这张纸里，您可以看到一匹正在吃草的马。"

画家看了很久，疑惑地问："草在哪里啊？"

儿子回答："让马吃光了。"

画家接着问："那马呢？"

儿子笑着回答："草吃光后，它就离开了。"

画家笑了，从此就不再让儿子画画了。

鲁迅曾说："不在沉默中爆发，就在沉默中灭亡。"试想，如果这位儿子把对父亲的不满强忍在心里，时间久了，必然会积怨成恨，就会导致父子关系破裂；而如果儿子采取过于激烈的反抗，同样会造成父子不合。因此，晚辈对长辈适度幽默有助于双方的沟通和互相理解。

孙子很爱吃奶奶做的包子，但是，对她蒸的米饭很失望。

他幽默地对奶奶说："奶奶，您做的包子馅多，好吃，一看到它我就要流口水。"

他奶奶听了以后非常高兴地说："那是啊，你奶奶做包子可是有几十年的功夫了。"

孙子接着又说："奶奶，您蒸的米饭更好，给它起个好听的名字，就叫'三层饭'吧！"

奶奶有些弄不明白状况，问道："什么是'三层饭'？"

孙子笑着说："上面一层烂，中间一层生，底下一层焦，这不正好是'三层'吗？"

奶奶笑着打了一下孙子的手心，说："你这张小嘴，还笑话我呢，奶奶以后一定好好学习蒸米饭！"

这段对话，既富有生活气息又能增进祖孙之间的感情。因此，当长辈与晚辈之间发生分歧时，要善于运用幽默的方式表达不同的意见。这样才能使家庭关系更加融洽和谐。

祖孙三人一起待在家中，孙子做错了事情，爷爷对孙子恨铁不成钢，便找来一根木棍狠狠地揍起来，嘴里还念念有词："棍棒之下出孝子，黄金棍下出好人。"

偏偏孙子是一个倔脾气，咬紧了牙，忍着疼，不愿向爷爷求饶。

这时，当爸爸的心疼自己的儿子挨打，却又不好劝阻自己的爸爸停下来，一时间心急如焚。突然，他急中生智，找来一根木棍，开始自己打自己。

爷爷不解地问："你怎么自己打起自己来了呢？"

爸爸回答说："您打我的儿子，我也打您的儿子。"

这位老父亲在明白儿子话里的真意后，非常欣赏儿子的机智与善意，便不再追着打孙子了。

爸爸为了制止自己爸爸打自己儿子时，并没有出于护子之心而与自己爸爸针锋相对，而是运用幽默化解了矛盾。

不论何时何地，我们要想表达对长辈的意见，就要学会一些幽默技巧，这样能让他们在接受意见的同时，还能为他们带来欢乐。但是，我们需要注意的是，要想处理好和长辈的关系，首先要有一颗礼敬他们的心。毕竟，单纯为了幽默而幽默，是无法让老人们接受的。

11. 用幽默来缓解家庭矛盾

对于一个家庭而言，家庭成员之间产生矛盾是很常见的事情。事情的关键在于，你怎么去处理矛盾。面对矛盾，如果直言不讳、言辞激烈，难免伤害对方。反之，如果能将话语制成"糖衣炮弹"，对对方进行善意的揶揄和有节制的讽劝，以幽默的方式送给对方，那么，就能使矛盾在轻松愉悦的氛围中得到解决。

夫妻之间在一起生活久了，难免会暴露出自己的一些不良生活习惯或者缺点，也难免会有令对方忍无可忍的时候，这时，我们不妨借助幽默得体地向爱人提出自己的意见，这样，既不会让彼此难堪，也能让对方欣然接受你的意见。

有一对夫妻，妻子非常爱干净，常常自作主张地洗掉丈夫的所有衣物，弄得丈夫常常因为找不到合适的衣物而生闷气。

有一天，丈夫想找双干净的袜子穿着出去聚会，可是东找西找，最后只在抽屉中发现一双，而其他的袜子全都被妻子洗了。

于是，丈夫埋怨道："老婆，我真幸运，只有两只脚，如果多出一只脚的话，它就没有袜子穿了。"

妻子听了他的埋怨，不但没有觉得有任何不快，反而觉得有些不好意思，对丈夫说："明天你即使有十只脚，也会有袜子穿的！"

这位丈夫机智而幽默地表达了对妻子的抱怨，不但没有让妻子反感，还让妻子认识到自己的问题。他的这种智慧值得我们学习。

有时，夫妻之间往往会因为一些生活琐事而陷入僵局。这时，要想打破僵局，就需要运用幽默的语言来唤醒夫妻之间沉睡的爱意。

夫妻俩因为谁做家务的问题大吵起来。最后，妻子闹着要同丈夫离婚。

他们去法院的路上，经过了一条不深但很宽的小河。到了河边，丈夫很快脱掉鞋子走入水中。而妻子站在岸边，瞧着冰冷的河水，正愁着怎么过去。

这时，丈夫回过头温和地说："亲爱的女士，让我再为你效劳一次吧！"

于是，丈夫背着妻子过了河。

夫妻俩没走多远，妻子和蔼地对丈夫说："算了，咱们回去吧！"

丈夫诧异地问："为什么？"

妻子不好意思地低着头，说："离婚回来的时候，我怕没人背我过河！"

在夫妻之间发生矛盾的时候，巧用幽默的语言可以唤醒彼此心中沉睡的爱意，进而使得双方能够互相体谅、友好和解。

夫妻之间的幽默，以和风细雨式的为多，但是，当一方的话带有极强的进攻性与侮辱性时，另一方就需要运用返还幽默法，按照对方的逻辑去理解或做出推论，将对方侮辱性的话语巧妙地反弹回去，以使对方警醒。

丈夫生气地问妻子："你说，当时向你求婚的人多得数不清？"

妻子笑着回答说："是呀！很多。"

丈夫又接着问："那么，你怎么不和第一个向你求婚的笨蛋结婚呢？"

妻子很幽默地回答说："对呀！我正是这么做的呀！"

面对丈夫的言语攻击，妻子巧设语言陷阱，让丈夫自己搬起石头砸自己的脚，使他再无回击之力。

夫妻之间相处，除了要面对夫妻间的矛盾，还会遭遇婆媳矛盾。这时，就需要丈夫在中间运用幽默的技巧进行调解。

妻子对丈夫说："我生了女孩，你妈妈说什么了吗？"

丈夫回答："没有，她还夸你呢。"

妻子认真地问："真的，夸我什么？"

丈夫一字一句地说："夸你有福气，将来用不着担心看儿媳妇的脸色行事了。"

这位丈夫没有直接表达对妻子不敬重母亲的不满，而是以幽默的方式道出，通过这种温和的批评方式，让妻子从一个母亲的角度来看这件事情，使她在回味之余更容易接受批评并加以改正。

在一个家庭中，有了孩子，会为家庭生活增添情趣，同时，孩子也是夫妻争吵的导火线。此时，夫妻一方如果能巧用幽默，便会相安无事，否则，便会"内战"在即。

有一天，丈夫带四岁的儿子出去玩。儿子玩得太起劲了，以致跌了几次跤，滚了一身土。

妻子一见便大骂父子俩不讲卫生，刚穿的衣服就弄得这么脏。

丈夫没有直言辩解，只是笑笑，说："是他自己搞成这样，与我无关，你看我的衣服不是挺干净吗？"

妻子被丈夫的一句话逗乐了。

丈夫巧用幽默平息了妻子的怒气，也避免了与妻子不必要的争吵，使得家庭气氛变得愉悦起来。

其实，家庭中的很多矛盾都是来自一些细微的生活琐事，其原因之一就是双方的话语中都缺少一种幽默的成分。如果夫妻双方在发表意见或指责对方时能采用幽默的方式，那么，任何矛盾都会被扼杀在萌芽中。

爱因斯坦就很善于用幽默对妻子的一些敏感行为提出自己的意见。

有一次，爱因斯坦要出席一个宴会。不巧的是，那天，他妻子因为感冒没能参加宴会。当时这个宴会的规模很大，仪式也非常隆重：绅士们要打白领带，而女士们要穿裸肩的礼服。

宴会结束后，爱因斯坦回到家里，他妻子急切地问他关于宴会的情况。他说："今晚有非常多著名的科学家……"

妻子立刻打断他："你知道我问的不是这个，我想知道参加宴会的女士们都穿什么衣服？"

爱因斯坦摊摊手，无奈地回答说："这个我可真的不知道，桌面以上的，她们什么都没穿，至于在桌面以下的，我可不敢偷看。"

顿时，妻子被他揶揄得哭笑不得。

幽默是一种灵活的表达方式，当你以幽默的言语与亲人交流时，你可以制造机会并获得你想要的东西，让亲人平和地了解到我们的想法，这样他们就会重新审视他们自身，改正他们的错误。

苏格拉底曾经说过："如果你娶到一位好脾气的太太，你会终生幸福；但如果你娶到一个坏脾气的太太，则恭喜你，你就可以成为'哲学家'了！"苏格拉底能够同他泼辣的妻子平静度日，正是因为苏格拉底对妻子足够包容，并且善用幽默自嘲。现实生活确实如此，一个家庭要想长久幸福安宁，就需要家庭成员之间互相包容与爱护，同时，更要懂得运用幽默调剂生活。

12. 一家人都幽默欢乐当然多

每个人都希望家庭的港湾宁静而和谐，而宁静的生活也需要笑声做点缀，和谐的日子也需要幽默来调剂。在家庭中适当运用一些幽默话语，往往能使家庭气氛更融洽，家人生活更加幸福。

中国传统婚姻观念提倡夫妻相敬如宾、客客气气。仔细想来，这只是婚姻生活的一个方面，如果真把它当成家庭生活的全部，那么，这样的生活就味同嚼蜡，毫无生气。

一天，小周实在忍受不了妻子的一本正经、不苟言笑。于是，他逃出了家门，打算到外面旅馆住几天。

他来到一家旅馆，老板热情地接待了他，并且亲自把他引到房门前面。

老板说："先生，您住在这里会发现跟到了家一样。"

小周痛苦地说："天哪！你赶快给我换个房间吧！"

对于一个家庭而言，幽默是不容忽视的。如果说爱能够使家庭生活变得温馨，那么，幽默就能够使我们的生活变得充满欢乐。一个家庭如果失去了幽默，就会像故事中所说的那样，连一家旅馆都不如，相信这也是当今很多男人不愿回家的原因之一吧！

在一个家庭中，妻子往往承担着很重要的角色，她决定了整个家庭的氛围。因此，如果妻子品位庸俗，总是怨声载道，那么，整个家庭氛围就会变得沉闷窒息。相反，如果妻子品位高雅，懂得幽默，那么，整个家庭氛围就会充满欢乐。

有一天，丈夫外出，穿了件崭新的白上衣，没料到遇上倾盆大雨，把全身淋透，不但成了个落汤鸡，上衣还沾上了很多污泥。

到了家门，看门的狗狂吠不止，并扑向他身上。丈夫很生气，正想拿起一根木棒打它时，妻子说："算了吧，别打它。"

丈夫生气地说："这条狗真可恶！连我也认不出来了。"

妻子说："亲爱的，你也要设身处地为它想想，假如这条白狗跑出去变成一条黑狗回来，你能认得出来吗？"

丈夫朝着妻子笑了笑，立即将所有不快统统抛之脑后。

在这里，妻子把丈夫比作了狗，并非是想嘲讽他，而是想通过这个小幽默让他忘记被雨淋成落汤鸡的不快。

妻子在操持所有家务的过程中，难免会有失误的时候，例如衣服熨焦了，饭菜烧煳了。这时，作为丈夫，要懂得运用幽默谅解、安慰和关怀妻子。

一对夫妻结婚十年了。妻子为丈夫煮了十年的饭。

有一天，妻子煮出了生平最难下咽的晚餐：菜烂了，肉焦了，凉菜也拌得没有一点味道。

丈夫默默地坐在饭桌旁嚼着，一言不发。妻子心里很自责。

当她正要收拾碗碟时，丈夫却突然把她一把抱住，吻个不停。

妻子忙问："老公，你怎么了？"

丈夫回答："今晚，这顿饭跟你做新娘子那天煮得一模一样，所以我要像对待新娘子那样对你。"

丈夫如此一番幽默所表达的爱和关怀胜过任何责备，一下子让妻子品味出浓浓的爱意，感受到无比的幸福。

在许多家庭中，婆媳矛盾似乎是一个很难化解的家庭问题。事实上，有些小矛盾，只需一两句幽默的话语，就能轻松调解。

一次，儿媳跟婆婆因为一件小事情闹矛盾。儿媳不小心地说了句："老不死的！"当说完这句话后，儿媳也很后悔，但说出的话却收不回来，她只能静等婆婆反击。

出乎意料的是，婆婆竟然回答道："谢谢！谢谢！"

婆婆的话让儿媳摸不着头脑。

婆婆接着对她说："你说我老不死，不就是祝愿我更加健康长寿嘛！"

儿媳做梦也没有想到婆婆竟会说出这样宽容的话，这让她非常羞愧，乖乖地低下头，对婆婆说："妈，对不起，我不该那么说您，请您原谅我吧！"

一场即将上演的婆媳之战就这样被老人胸怀大度地用一个幽默化解了。

幽默的语言往往能收到平常的语言所没有的奇效。因此，当家庭出现小矛盾时，我们只要稍微在言语上幽默一下，便能迎刃而解。

对于有孩子的家庭，生活中的乐趣总是更多一些。孩子的天真纯洁使得他们很小就具有用幽默沟通的能力，无论遇到任何难题，他们都能轻松地面对自己。

小谷刚进一家新公司，便在工作中出现了失误，他很担心被解雇，没想到最后却平安无事，得以续约，全家为此庆贺了一番。

一天，儿子拿着期末成绩单喊叫着进了家门："爸爸，这是我的成绩单。"

小谷忙问："儿子，成绩如何？是不是都及格了？"

儿子顽皮地说："和您一样，爸爸，老师说我要再重读一年。"

机灵顽皮的儿子虽然被留级，但是，他却用幽默将自己的不及格与爸爸的续约混为一谈，不仅逃避了爸爸的批评，更是让爸爸哭笑不得。可见，有时孩子的幽默细胞，令我们大人都自叹不如。

"合家欢乐"，一直以来是多少家庭梦寐以求的愿望，然而，要想真正实现这一愿望，就需要全家人一起努力培养自己的幽默细胞，如此一来，才能欢乐多多，幸福常在！